Taschenschmöker aus Vergangenheit und Gegenwart

Taschenschmöker aus Vergangenheit und Gegenwart

Neu und wieder aufgelegt

Berlin 2020

Die Belagerung Roms

Eine historische Erzählung von

Jules Verne

Aus dem Französischen von Gerd Frank

Edition Dornbrunnen

Taschenschmöker aus Vergangenheit und Gegenwart

Übersetzung des Textes aus dem Französischen von
Gerd Frank *(Le Siège de Rome)*

Korrekturen und Lektorat: Meiko Richert und Dirk Seliger 

Die Deutsche Nationalbibliothek verzeichnet diese Publikation in der Deutschen Nationalbibliografie; detaillierte bibliografische Daten sind im Internet über
http://dnb.d-nb.de
abrufbar.

1. Auflage 2020

ISBN 978-3-943275-47-6

Sven-R. Schulz, Dornbrunner Straße 16, 12437 Berlin
www.edition-dornbrunnen.de
Titelgestaltung: Sven-R. Schulz unter Verwendung eines Gemäldes
von Félix-Joseph Barrias (1822 – 1907)

Druck und Vertrieb: Books on Demand GmbH, Norderstedt
PNTS31

Inhalt

1. KAPITEL
Historischer Prolog

Die Ermordung des Herrn Rossi[1] geriet zum Auftakt der revolutionären Bewegungen Italiens. Die Freiheitsrechte, die Pius IX.[2] gepredigt hatte, sollten sich gegen ihn selbst wenden und einige Zeit lang sogar den antiken Thron des Heiligen Petrus umstoßen.

Wenn die liberalen Kräfte überall scheitern, dann liegt das an der Maßlosigkeit ihrer Anweisungen. Zwischen damals und heute besteht ein großer Unterschied. Als absolutistische Regierungen einst die Grundrechte angriffen und zu Boden warfen, zerbarsten diese Rechte wie fallende Bomben; jetzt aber, im 19. Jahrhundert, rufen die Völker selbst nach Beschränkungen der allzu freiheitlichen Reformen, weil diese sie in bodenlose Abgründe stürzen könnten. Die Freiheit, so wie sie gewisse Republikaner verstehen, die anarchistische Freiheit, hat ausgedient; prinzipielle und faktische Freiheit schließen sich notwendigerweise gegenseitig aus: Dort, wo das Prinzip besonders laut verkündet wird, existiert sie in Wirklichkeit nicht mehr. Man kann daher darauf verzichten, das Prinzip auf die

---

[1] Pellegrino Luigi Edoardo Rossi (1787–1848) war ein italienischer Jurist, Nationalökonom, Diplomat und Politiker. Er bekleidete unter Papst Pius IX. das Amt des Innen-, Polizei- und Finanzministers, wurde aber nach knapp zwei Monaten im Amt durch ein Attentat getötet.

[2] Pius IX. (1792–1878), geboren als Giovanni Maria Mastai Ferretti, war ab 1846 Papst. Aufgrund seiner liberalen Reformen gewann er in Italien gewisse Sympathien, die er aber verspielte, als er sich gegen Demokratie und die Einheit Italiens aussprach. Dies führte zur hier beschriebenen Revolution.

Stirnseite öffentlicher Denkmäler zu meißeln, wenn die Freiheit de facto nicht mehr ausgeübt werden kann.

Am 16. November 1848 wurde der Quirinal[1], der Palast des Papstes, von Bürgerwehren und Liniensoldaten umstellt. Ihre Rufe nach Reformen wurden jedoch von den Gewehrschüssen der Schweizergarde beantwortet, die wie eh und je den Machthabenden und ihrem Lohn treu ergeben waren und das weltliche Papsttum beherzt verteidigten.

Schon seit einiger Zeit herrschte in Rom eine düstere, gewitterschwüle Stimmung; Frankreich hatte Italien ein wenig an seiner eigenen Atmosphäre teilhaben lassen und die Bewohner der Halbinsel sogen diese berauschende Luft in vollen Zügen in ihre Lungen. Denn die Italiener konnten ohne Erlaubnis des österreichischen Kaisers kaum Atem holen, und die Kanonen und Generäle verspürten nur wenig Großmut im Bauch. Weil nun die Römer von all dem Lärm, der von jenseits der Alpen her zu vernehmen war, angestachelt waren, wollten sie an dem Fest teilnehmen und sich ohne viel Aufhebens das Schauspiel einer kleinen Revolution leisten.

Während die Angreifer und die Angegriffenen um den Quirinal kämpften, mischte sich Andreani Corsetti, ein junger, kleinwüchsiger Mann von bösartigem Aussehen, unter die Gruppen, die den Platz gefüllt hatten. Er war einer dieser falschen, heuchlerischen Italiener, die dem Bösen zugetan und für das Gute unempfänglich waren, einer, der von der päpstlichen Gesinnung auf ganz erbärmliche Weise lebte, so kriecherisch, neidisch, feige und hinterhäl-

[1] Einer der sieben Hügel Roms. Der darauf befindliche Quirinalspalast wurde ab 1583 erbaut und diente den Päpsten u. a. als Sommerresidenz. Seit 1871 als Königspalast des Königreichs Italien genutzt, ist das Gebäude heute Dienstsitz des Präsidenten der Italienischen Republik. Im vorliegenden Text wird »Quirinal« stets als synonymes Kürzel für den Quirinalspalast verwendet.

tig, weil ihn weder das Studium noch die Vernunft geleitet und zu einem besseren Menschen gemacht hatten.

Als ehemaliger weltlicher Sekretär von Pius IX. war er in der Gesellschaft sehr bekannt, bei deren Festen er früher seine Überheblichkeit und Unverschämtheit demonstriert hatte. Sein einstiger Rang musste sein heutiges Tun sehr verdächtig erscheinen lassen. Gab Andreani etwa die Belange des Papstes auf, um sich dem Aufstand und der Erhebung anzuschließen?

»Meine Freunde, meine Brüder«, rief er mitten in die aufständische Menge hinein. »Die weltliche Herrschaft des Papstes wird zu Ende gehen, doch das befreite Italien wird wegen seiner Tyrannen keine Trauerkleidung tragen! Folgen wir dem freiheitlichen Schwung Frankreichs, dann werden uns seine Kinder in großer Zahl zu Hilfe kommen.«

»Aber Sie sind keiner von uns!«, entgegnete man ihm.

»Ich bin Soldat und stehe auf eurer Seite! Ich habe die Untreue dieses gefallenen Papsttums unzählige Male aus der Nähe miterlebt, die angeblichen Reformen, mit denen man euch ablenken wollte, die hohlen Zugeständnisse und das Falschgeld, mit dem man eure großzügigen Bestrebungen bezahlt hat! Ich bin Soldat! Ihr werdet mich an erster Stelle kämpfen sehen, um den Absolutismus zu stürzen und eure Unabhängigkeit für immer zu sichern!«

»Sie dürften wohl nicht wissen, was da im Palast vor sich geht!«, entgegnete ihm ein gemäßigter Bürger. »Pius IX. gibt unserem Wunsch nach und verschafft uns ein liberales geistliches Kabinett!«

»Die Minister sind die passiven Werkzeuge der Macht und verändern nichts an deren Politik«, entgegnete Andreani, der sich immer mehr ereiferte. »Der Papst streift sich neue Handschuhe über, das ist alles. Seine Hand wird nicht sanfter und auch nicht mildtätiger sein. Verlasst euch nicht auf die Namen der Minister, mit denen der Machthaber seine willkürlichen Handlungen abzusichern versucht! Was bedeutet es schon, das Ladenschild zu erneuern, wenn der Herr seine Freiheiten falsch abgewogen verkauft!«

In der Tat hatte der Pontifex – wohl, um den Sturm zu verhindern – durch diese Minister versucht, den drohenden Blitzeinschlag gefahrlos abzuleiten, aber all ihre abgegriffenen und verkümmerten Namen genügten nicht mehr, um den Thron des Pontifex zu schützen. Die Straßen von Rom waren von glühender Wut beherrscht, der sich in Gewehrschüssen rund um den Quirinal entlud. Die Truppen verbündeten sich mit den Aufständischen und kämpften an deren Seite. Acht Tage lang hoffte Pius IX. darauf, mit geschickten und opportunen Reformen über die Bewegung zu triumphieren, die er für einen einfachen Aufstand gehalten hatte.

Tatsächlich gibt es in jedem Aufstand Ventile, die man beizeiten öffnen kann, um den angestauten Zorn des Volkes entweichen zu lassen, aber Revolutionen haben solche Ventile nicht! Das hier war eine Revolution und sie war ausgebrochen!

Am 24. November 1848 verließ der Papst, gefolgt von seinen Kardinälen, den Kirchenfürsten und einem Teil des Klerus, überstürzt Rom. Einige Tage lang kannte man den Aufenthaltsort Seiner Heiligkeit nicht; eine ranghohe Junta[1] wurde ernannt, um vorübergehend die Exekutivgewalt auszuüben. Ein Ministerium sollte gebildet werden, das schon bald vollbesetzt war.

Inzwischen hatte sich der Papst, wegen dessen Flucht man sich keineswegs beunruhigt zeigte, am 17. Dezember

[1] Regierungsausschuss.

nach Gaeta zurückgezogen, wo er gegen die übergeordnete Junta protestierte. Er war nicht aus dem Kirchenstaat geflohen, um der Revolution zu weichen und ihr das Feld zu überlassen; Seine Heiligkeit fühlte sich vielmehr zum Märtyrer berufen. Doch war es wichtig, dass der Papst seine vollständige Unabhängigkeit bewahren konnte. Die katholische Welt hätte sonst glauben können, dass er unter diesen Umständen nicht mehr über die Möglichkeiten zur freien Ausübung seiner geistlichen Macht verfügte.

Der Protest war durchaus berechtigt, blieb aber ergebnislos, und die Junta setzte sich darüber hinweg. Tatsächlich hatte der Papst nichts mehr für seine Person zu befürchten, aber schon bald scharten sich zahlreiche Verteidiger um sein Banner; hier und da wurde über einige Interventionsprojekte nachgedacht. Deshalb erhob sich am 2. Dezember die römische Regierung ihrerseits gegen die beschlossene Entsendung des Generals Cavaignac[1], des damaligen Oberhaupts der Exekutivgewalt Frankreichs. Doch die französische Schlichtung war noch nicht beendet.

Eine traurige Begleiterscheinung gesellschaftlicher Bewegungen ist, dass dabei auch dunkler und stinkender Abschaum an die Oberfläche gespült wird. Auf jeden Mann von wirklichem Wert, der aus dem Konflikt der Ereignisse emporsteigt, kommen hundert Mittelmäßige oder Unfähige. Denn jeder, der in sich irgendeinen geheimen Ehrgeiz, eine fiebrige und unerfüllbare Utopie, ein schändliches und empörendes Leid, einen stark ausgeprägten Hass oder ein im Dunkeln gehegtes Rachegefühl verspürt, glaubt aufgerufen zu sein, die Geschicke der Völker zu regeln.

[1] Louis-Eugène Cavaignac (1802–1857) war ein französischer General und Kriegsminister. Er schlug mit Gewalt den Pariser Juniaufstand von 1848 nieder und wurde danach zum Ministerpräsidenten ernannt. Bei den anschließenden Präsidentenwahlen scheiterte er gegen Louis Napoléon.

Diese Menschen müssten taub sein, wenn sie nicht auf die Stimme eigener Interessen hören würden, die in ihnen die Stimme des Allgemeininteresses übertönt.

Andreani war ihnen gegenüber vollkommen taub und weil das Fehlen jeglicher Prinzipien sein spezifisches und moralisches Gewicht gegen Null tendieren ließ, wurde er bei diesem Umsturz rasch an die Oberfläche gespült. Von seinen früheren demütigen Grüßen und Kniefällen hatte er sich weit entfernt. Er hatte sein Gewand umgedreht, doch hatte ihn das kaum verändert, da seine Kleidung auf beiden Seiten schmutzig war.

Nach der Abreise des Papstes stürzte er sich Hals über Kopf in die Revolution und jubelte lautstark über die Freiheit, er, dessen Herz und Gewissen in Hass und Niedertracht gefangen waren. Als auch Garibaldi[1] die politische Bühne betrat, ließ er sich unter den Fahnen dieses kühnen Abenteurers einreihen. Man sah, wie er eine Position in dieser tapferen Legion einnahm, um mit seinem Hass die Feinde von Pius IX. zu begeistern.

Niemand war wegen dieses Abfalls überrascht, von dem es unter den Mitgliedern des Klerus auch andere Beispiele gab. In einem Land, in dem es Titel in Strömen regnet und es vor Fürsten und Adeligen nur so wimmelt, sind die unteren Schichten der geistlichen Gesellschaft auf vollständigste Knechtschaft reduziert. Die Lockerung der Sitten ist ganz unten weniger zu beobachten als ganz oben. Es ist nicht nur die Armut, die einem schlechten Lebenswandel des niederen Klerus vorbeugt, es ist die Armut, die sich der hierarchischen Despotie unterwirft.

[1] Giuseppe Garibaldi (1807–1882) war ein italienischer Revolutionär und Verfechter der italienischen Einheitsbewegung. Nach seiner Rückkehr aus dem südamerikanischen Exil nahm er an der Verteidigung der Römischen Republik teil, nach deren Zerschlagung er erneut ins Ausland fliehen musste.

Während die Kirchenfürsten und Kardinäle die schamlosesten Praktiken ihres Privatlebens verschleiern, verurteilen sie gleichzeitig die Priester der untersten Rangordnung zur Tugend, die weder Villen noch Paläste besitzen und denen weder Lakaien noch Gauner zu Diensten sind, um ihre eigenen Fehltritte zu verbergen. Die großen Herren scheinen also etwas zu sein, das sie nicht sind, sind aber etwas, das sie nicht zu sein scheinen, während einfache Geistliche, die überhaupt nicht danach streben, die Not zur Tugend zu machen, aufgrund ihrer Bedürftigkeit zwangsläufig tugendhaft sind.

Der Proletarier Andreani spürte, wie die Leidenschaften sein Herz quälten. Doch warum wurde er, der sich wegen seines Ehrgeizes erhoben und um eine Vertrauensstellung in der Pontifikatsregierung[1] bemüht hatte, eines Tages wieder zum Pöbel zurückgeschickt? Das konnten weder seine Freunde noch seine Feinde jemals in Erfahrung bringen. Eines Morgens erhielt er plötzlich seinen Rücktrittsbefehl und wurde aus dem Vatikan verbannt – ohne dass jemals der Grund für seinen Sturz bekannt geworden wäre. In seiner Position war er als persönlicher Diener des Heiligen Vaters tätig, und Pius IX., ein gerechter Mann von außerordentlicher Frömmigkeit, dogmatischer Strenge und unauslöschlicher Ehre, die er früher zugunsten von Frankreich eingesetzt hatte, dürfte den Sekretär Andreani zweifellos für wenig ehrenhaft gehalten haben.

Hatte dieser schmähliche Vorgang die Seele dieses niederträchtigen Menschen bloßgestellt? Man weiß es nicht. In jener Zeit liefen unbestimmte Gerüchte über Vertrauensbrüche und Entführungen durch die Stadt; die Angelegenheit wurde niemals geklärt. Das Verbrechen, falls es

[1] Regierung des Kirchenstaats unter Führung des Papstes.

denn eines gegeben hatte, musste in Rom begangen worden sein, denn als Andreani entlassen wurde, war er erst kurz zuvor aus Frankreich zurückgekehrt, wohin ihn der Papst mit einem besonderen Auftrag geschickt hatte.

Wie hatte er während seiner Frankreichreise die unnachahmliche Lauterkeit des französischen Klerus bewundert! Was für eine Würde! Was für eine Vornehmheit gab es da, verglichen mit dem Machtmissbrauch, den Ungerechtigkeiten und den fast alltäglichen Sittenlosigkeiten der Kirchenfürsten! Während die einen ihren religiösen Einfluss zugunsten ihrer Leidenschaften ausnutzten, setzten die anderen sie in Askese um, um diesen Einfluss zu stärken. Während die französischen Geistlichen die Tugend, die sie predigten, praktizierten, betörten die edlen Kardinäle kleine Kinder, die mit gebeugten Knien weinend um Vergebung ihrer lässlichen Sünden baten, und verführten sie. Und während diese opulenten Prälaten[1] irgendwelche Ehrenmänner dazu verpflichteten, die Entehrung ihrer Opfer würdevoll zu verbergen, stellten die Priester Frankreichs ihr Leben in den Dienst all dieser Unglücklichen, gaben jedem menschlichen Streben ihren Segen, spendeten Trost im Angesicht der Schmerzen und verbrachten ihre mühsamen und ruhelosen Nächte im Gebet für jene Unglücklichen, denen sie ihre Tage gewidmet hatten.

Andreani konnte über diese oftmals rätselhafte und unverständliche Hingabe nur mitleidig lächeln. Bei seinem Sturz sagte er laut: »Die Wege des Herrn sind unergründlich. Sein Heiliger Name sei gesegnet!« Und leise fügte er hinzu: »Päpste und Kardinäle werden kommen und gehen!« Auf diese Weise verschrieb er sich mit Leib und Seele den finsteren Machenschaften der Republikanischen

[1] Kirchenobere in der katholischen Kirche, die über eine gewisse Jurisdiktionsgewalt verfügen und einen entsprechenden Ehrenvorrang haben.

Partei und wirkte aktiv an dem Aufstand mit, bei dem am 16. November 1848 die Geschütze gegen die Tore des Quirinals gerichtet wurden.

Was konnte Pius IX. tun, als er unter seinen Feinden diesen Menschen begegnete, die außerhalb der Gesetze standen und keine Ehre hatten? Es ist traurig, wenn durch die Anwesenheit solcher Männer die Ämter ehrbarer und angehender Republikaner in den Schmutz gezogen werden. Weshalb verwandeln sich diese humanitären Armeen in Zufluchtsstätten, in denen Verbrecher hoffen, sich unter den Schutz der Gesetzgebung stellen zu können? Diese Verbindungen lassen das Feingefühl der Parteien verkümmern. Als der Papst, all seiner Druckmittel beraubt, diejenigen exkommunizierte[1], die sich des Angriffs auf die weltliche Souveränität des Heiligen Stuhles als schuldig erwiesen, erklang der Ruf »Es leben die Exkommunizierten!« in den Straßen Roms. Früher hatte man vor dem Donnergrollen und den Blitzschlägen des Pontifex' gezittert; man hatte geglaubt, sie seien von Gottes Hand geschleudert worden! Das Gespött von heute hatte sie der Lächerlichkeit preisgegeben; die gottlose Physik hatte gewaltige Fortschritte gemacht; das Gewissen hatte einen Blitzableiter erhalten.

Ungeachtet dieses Kirchenbanns setzte die Junta ihre Arbeit mit der Ansetzung des allgemeinen Wahlrechts fort, wobei die Stimmen aller päpstlichen Staaten angenommen wurden. Sei es nun der Nachlässigkeit oder dem Vorsatz der Wahlhelfer geschuldet, jedenfalls gingen auch viele Ausländer, Staatenlose und Obdachlose zu den Wahlurnen, um ihre weltbürgerliche Stimme abzugeben. Doch die Geburtshelfer der Regierung hatten keine Zeit, gewissen-

[1] Aus der Kirchengemeinschaft ausschließen.

haft zu sein. Und so wurde – zu Recht oder zu Unrecht – am 9. Februar 1849 in Rom die Republik ausgerufen und die weltliche Macht des Papstes beseitigt. Garantien für die Ausübung geistlicher Gewalt wurden jedoch vorbehalten. Die Unverständigen begriffen nicht, dass die Religion unabhängig sein musste, wenn sie stark sein wollte, und dass diese Unabhängigkeit in der weltlichen Herrschaft ihres Oberhauptes liegen musste, denn sie verhinderte, dass dieser den Gesetzen und dem Willen einer fremden Nation unterworfen war.

Die neue Regierung sollte mit Italien die Beziehungen eingehen, die eine gemeinsame Nationalität erforderte. Während der Papst in Gaeta seine treuesten Gefolgsleute um sich versammelte, empfing die verfassunggebende Versammlung Mazzini[1], diesen »König der Republik Mittelitalien«, mit begeisterten Jubelrufen. Und um diesen schönen Tag der italienischen Unabhängigkeit zu feiern, wurde der große Siegesgesang, der bislang nur von den Vertretern des Himmels angestimmt worden war, mit wilder Wut gebrüllt, das Lied des Gottes der Heerscharen. Das *Te Deum*[2] erscholl im Vatikan.

[1] Giuseppe Mazzini (1805–1872) war ein italienischer Revolutionär, dessen Ziel unter anderem die Schaffung eines italienischen Nationalstaats war. Unter dieser Prämisse beteiligte er sich an mehreren Aufständen, in deren Folge er immer wieder ins Exil getrieben wurde. Er war einer der Führer der Römischen Republik.

[2] Nach dem Lateinischen *Te Deum laudamus* (dt.: Dich, Gott, loben wir); Beginn eines Bitt-, Dank- und Lobgesangs der christlichen Kirche, der vermutlich bereits im 4. Jahrhundert entstanden ist.

2. KAPITEL
Der Waffenstillstand

Da musste sich die Französische Nationalversammlung mit der Frage nach einem Eingreifen in die Angelegenheiten Roms befassen. Im Prinzip beschränkte sich der dem Präsidium überbrachte Vorschlag darauf, zwölftausend Mann nach Italien zu entsenden, um dort Position gegen Österreich zu beziehen. Dieses Vorhaben war aber zu vage, als dass es später nicht noch größere Ausmaße hätte annehmen können, und so geschah es, dass die Ewige Stadt zum wichtigsten Stützpunkt für die französische Armee werden sollte.[1]

Die geplante Intervention wurde von der Kammer angenommen, das Expeditionskorps bald darauf aufgestellt. Herzog Oudinot von Reggio[2] wurde zum kommandierenden General und Regnault Saint-Jean d'Angély[3] zum Truppengeneral ernannt. Diese Doppelbesetzung verstieß

---

[1] Charles Louis Napoléon Bonaparte (1808–1873), der spätere Napoléon III., war im Jahr 1848 zum Präsidenten der Zweiten Französischen Republik gewählt worden. In seiner Jugend war er ein Mitglied des italienischen Geheimbunds der Carbonari, der unter anderem das Ziel der italienischen Einheit anstrebte, weshalb er bei italienischen Revolutionären eine große Sympathie genoss. Umso größer war ihr Entsetzen, als er sich 1849 dazu entschloss, ein französisches Armeekontingent nach Rom zu entsenden, um den Kirchenstaat wiederherzustellen.

[2] Nicolas Charles Victor Oudinot (1791–1863), Herzog von Reggio, war der Sohn des Reichsmarschalls Charles Nicolas Oudinot und ein französischer General. Er war Oberbefehlshaber des französischen Armeekorps zur Wiederherstellung des Kirchenstaats.

[3] Auguste-Michel-Étienne, comte Regnaud de Saint-Jean d'Angély (1794–1870) war ein französischer General, Staatsmann und Marschall von Frankreich. 1849 gehörte er zu den befehlshabenden Offizieren der zur Niederschlagung der Römischen Republik entsandten französischen Truppen.

gegen alle Regeln, denn unter solchen Umständen war die Ernennung des Herzogs von Reggio unüblich und hierarchisch gesprochen auch unlogisch. Eigentlich hätten mindestens zwei Divisionen unter dem Befehl eines kommandierenden Generals gebildet werden müssen, da es aber nur eine gab, genügte zu deren Kommando der General Regnault Saint-Jean d'Angély.

Das Armeekorps setzte sich zusammen aus dem 1. Bataillon von Jägern der Infanterie und zwei Linienregimentern unter dem Befehl des Brigadegenerals Mollière[1], zwei Linienregimentern, die vom Brigadegeneral Levaillant[2] befehligt wurden, und zwei Linienregimentern, an deren Spitze der Brigadegeneral Chadeysson[3] stand. Die Artilleriebatterien, zwei Kompanien der Pioniertruppen und zwei Schwadronen des 1. Regiments von berittenen Jägern vervollständigten die Truppen des Feldzugs.

Diese Belegschaft von sechstausendfünfhundert Mann setzte schon bald die Segel und am 24. April 1849 hatte sie Civittavecchia[4] im Visier. Der kommandierende General kannte die Haltung der Bevölkerung nicht; es war aber wichtig, dass die Landung an dieser Stelle erfolgte. Denn das Geschwader hätte sonst lediglich an dem kleinen Hafen von Fiumicino – der an der Mündung des Tibers liegt – vor Anker gehen können, was sehr gefährlich gewesen wäre.

Der Herzog von Reggio erfuhr schon bald, dass einhun-

---

[1] Pierre Alexandre Jean Mollière (1800–1850) war ein französischer General und nahm als solcher an der Niederschlagung der Römischen Republik teil.

[2] Entweder Jean Levaillant (1790–1876) oder Charles Boers Levaillant (1796–1871); beides Brüder, die im Rang eines Brigadegenerals am Feldzug teilnahmen.

[3] Es ist heute so gut wie unmöglich, zu jedem Namen, den Jules Verne in dieser Erzählung aufführt, eine entsprechende Hintergrundinformation aufzuspüren. Oft lassen sich nur die Nachnamen der betreffenden Personen als einfache Erwähnung in den historischen Quellen finden. Es ist wahrscheinlich, dass Verne einige der Namen aus den Berichten seines Cousins Adrien Alphonse Garcet *(s. Nachwort)* übernommen hat.

[4] Italienische Hafenstadt, die ca. 70 km nordwestlich von Rom liegt.

dertzwanzig Geschütze am Ufer von Civitta aufgestellt waren, was keinen freundlichen Empfang erahnen ließ. So entwarf er eine Proklamation, die er in der Stadt verkünden ließ. Sie besagte, dass die französische Armee in Freundschaft käme und nicht die Absicht habe, der Bevölkerung eine Regierung aufzuzwingen, die nicht ihre Sympathie besäße.

An Bord der *Labrador* unterhielten sich inzwischen zwei junge Männer. Der eine, ein junger Kapitän des Generalstabs, der offiziell kein Teilnehmer des Feldzugs nach Rom war, sollte den Truppen als Amateur folgen. Seine Anfrage, die durch eine ranghohe Persönlichkeit unterstützt worden war, die zweifellos seine geheimen Beweggründe kannte, wurde in Betracht gezogen und bewilligt. Er war ein trauriger und ruheloser junger Mann, der Henri Formont hieß. Ein fortwährender, herzzerreißender Schmerz hatte seine Jugend belastet, denn er weinte bereits in einem Alter, in dem es gewöhnlich noch keinen Grund dafür gibt. Für ihn sorgte Annibal de Vergennes, ein tapferer Kamerad und Leutnant der Pioniertruppen, dessen ausgeprägte und übermütige Fröhlichkeit sich sehr von den düsteren Gedanken des jungen Kapitäns abhob.

»Glaubst du«, sagte Henri, »dass wir ohne Schwertstreich in Civittavecchia landen werden?«

»Hoffentlich nicht«, entgegnete der leichtsinnige Leutnant.

»Das ist schlecht, denn ich möchte nicht gleich zu Beginn dieses Feldzugs getötet werden.«

»Dann sieh dich vor, mein lieber Henri, denn im Allgemeinen kehren Amateure kaum wieder zurück. Es gibt Kugeln, die für sie gedacht sind.«

»Oh, die hebt man mir bis zu meiner Ankunft in Rom auf!«, sagte Henri Formont düster.

Annibal ergriff mit großer Zuneigung seine Hand.

»Freund, du hast mir bislang noch nicht den Grund für deine Traurigkeit genannt! Das ist nicht recht, denn es ist ein Mangel an Vertrauen! Mein Herz und mein Arm gehören dir! Falls du – wie ich annehme – an irgendjemandem Rache üben willst, so denke daran, dass dein Hass uns beide angeht.«

»Mein lieber Annibal, falls ich mich zur Rache entschlossen habe, so muss ich sie dennoch den kommenden Ereignissen unterordnen. Ja, ich habe in Rom einen Feind, den ich mit all meiner Kraft hasse, und ich bitte den Himmel, dass er nicht unter irgendeiner Kugel in Ehren fällt. Denn ich brauche ihn lebend – um ihn sterben zu lassen.«

»Nun gut, wir werden ihn gefangen nehmen«, entgegnete Annibal. »Einer meiner Pioniere, ein tapferer Haudegen, ein Herkules, der drei große Steinbrocken mit ausgestrecktem Arm wegtragen würde, mit einem Wort, Jean Taupin wird sich der Sache annehmen.«

»Nein«, erwiderte Henri hasserfüllt, »denn als Gefangener würde mir dieser Mann entwischen! Außerdem kenne ich ihn ja noch gar nicht!«

»Und du hoffst nun, ihn dort zu treffen?«

»Ja!«

»Wer wird ihn dir zeigen?«

»Gott! In zwei Tagen werden wir in Rom sein.«

»Aber doch nicht in Rom! Da wird noch ein schönes Stück fehlen.«

»Denkst du, dass Verzögerungen möglich sind?«

»Sie sind wahrscheinlich! Mehr als wahrscheinlich! Falls die Römer unserem Eindringen in ihre Stadt nicht mit aller Kraft Widerstand leisten, werden sie uns tausend diplomatische Schwierigkeiten in den Weg legen und uns lange Zeit mit irgendwelchen Lappalien vor ihren Toren aufhalten.«

»Was für ein Verhängnis! Hoffentlich habe ich die Kraft und das Glück, bis dahin noch am Leben zu sein.«

»Geduld und Mut, Henri«, erwiderte Annibal ernst. »Du siehst, dass man schon eine List anwenden muss, um nach Civittavecchia hineinzukommen. Das kann dir einen Eindruck davon geben, was uns erwartet.«

»General Oudinot scheint aber nicht an seinem unmittelbaren Erfolg zu zweifeln!«

»Meiner Treu, er bedient sich ja oft solcher Proklamationen … Er hätte sie aber zumindest mit einer Kugel in die Stadt schießen können! Doch alles in allem ist dies nicht der Augenblick, Mut zu zeigen, wenn man kurz davor steht, sich übergeben zu müssen. Schau, die Seekrankheit kehrt zu mir zurück! Adieu, mein Freund! Ich sterbe … Ich hinterlasse dir meinen Ringkragen! Oh weh!«

Annibal sank an Deck zusammen, aber zum Glück für ihn und viele seiner Kameraden erhielt das Geschwader, das sich der Küste näherte, den Befehl, vor Anker zu gehen.

Der Stadtrat von Civittavecchia, der den Versprechungen des kommandierenden Generals vertraute, öffnete der französischen Division die Tore. Die Landung vollzog sich ohne Schwierigkeiten. Die Soldaten wurden in der Stadt, wo sie zuerst die Garnison gefangen nahmen, freundlich empfangen.

Im Anschluss daran wurden die Tagesbefehle, die viel direkter und energischer als die Proklamation waren, den Bewohnern zur Kenntnis gebracht. Die Armee bemühte sich, den liberalen Gesetzen, mit denen Papst Pius IX. seinen Staat ausstatten wollte, Respekt zu verschaffen. Es war zu spät, um Gegenwehr zu leisten; die Stadt wagte keinen Widerspruch. Ohne Zeit zu verlieren, sandte der kommandierende General seinen Bruder an der Spitze einer berittenen Abordnung aus, um den Weg von Civittavecchia nach Rom zu erkunden. Die Nachricht von der Landung der französischen Truppen hatte sich schnell herumgesprochen. Der Adjutant war beunruhigt und in einem Gefecht fiel einer seiner Soldaten den Römern in die Hände.

Als er in die Stadt zurückgekehrt war, um von seinen Beobachtungen Bericht zu erstatten, sprach der kommandierende General die einfachen Worte:

»Sie haben einen Mann von uns, morgen werden wir ihnen tausend nehmen.«

Zwei Tage danach tauschte er die Besatzung von Civittavecchia gegen eines seiner Bataillone aus, das zu Beginn des Feldzugs gefangen genommen worden war.

In der Tat hatte General Oudinot mit dem 36. Infanterieregiment Civittavecchia verlassen und sich in Eilmärschen Rom weiter genähert. Annibal war bei dieser verwegenen Expedition dabei und Henri Formont hatte sich unter den Stab des kommandierenden Generals gemischt. Gegen Abend erreichte die Armee Palo, wo sie die Nacht verbrachte; man hatte in etwa die Hälfte der zwanzig Meilen langen Strecke zurückgelegt.[1]

Bei Tagesanbruch setzten sich die Truppen erneut in Marsch und brauchten nicht mehr lange, um zu den römischen Vorposten zu gelangen. Sie wurden mit Gewehrschüssen empfangen.

Von unbesonnener Begeisterung mitgerissen, beschloss der kommandierende General, einen Handstreich zu wagen, und obgleich er über keine Kriegsausrüstung verfügte und nichts für einen Angriff bereitstand, wollte er Rom

---

[1] Die Entfernung zwischen Civittavecchia und Rom beträgt ca. 70 Kilometer. Jules Verne benutzte bei Entfernungen stets das heute ungebräuchliche Längenmaß der Leuge (*lieue*). In deutschen Übersetzungen wird traditionell der Begriff der Meile eingesetzt. Eine Leuge entspricht etwa 4 km.

einnehmen, ohne noch einen weiteren Tag zu verlieren. Seine Offiziere lud er zum Abendessen desselben Tages ins *Minerva* ein, eines der besten Hotels der Stadt. Alle Kirschleitern der Umgebung wurden auf seinen Befehl hin eingesammelt, damit die Soldaten die vor den Toren errichteten Barrikaden überklettern konnten.

»Blitz und Donner![1]«, rief der riesige Pionier Jean Taupin. »Auf Leitern zu steigen, um sich Kugeln einzufangen?[2] Entschuldigung!« Was ihn aber nicht daran hinderte, sich verwegen in den Kampf zu stürzen.

Die Straße von Civittavecchia nach Rom führt durch die Porta Fabbrica[3], die ungefähr hinter dem Petersdom liegt. Der kommandierende General wich vom Weg nach links ab und erschien vor der Porta Cavalleggeri, die sich zur Befestigungsanlage hin öffnet, welche den Gianicolo[4] krönt.

Kanonen und Gewehre entluden sich gleichzeitig, aber inmitten des dichten Rauches stürzten sich die an solche Bravourstücke gewöhnten französischen Soldaten auf die Feinde, deren Überzahl und Stellung sie schier unbesiegbar machten. Das 20. Infanterieregiment bewirkte wahre Wunder an Tüchtigkeit, und wenn es das unüberwindliche Hindernis, das sich ihm in den Weg stellte, bezwungen hätte, dann wäre es auch durchgekommen. Die Jäger von Orléans begannen von da an, die unnachahmliche

---

[1] Verne verwendet an dieser Stelle einen im Deutschen nicht gebräuchlichen Militärfluch, den man mit »Axt und Schanzkorb« übersetzen würde, sodass er hier in eine in der deutschen Sprache gebräuchlichere Form übertragen wurde.

[2] Im Original: *»Des échelles à cerises pour aller cueillir des prunes!«* (Kirschleitern, um Pflaumen zu pflücken!) Das Wortspiel mit den Kirschen und Pflaumen kann im Deutschen nicht adäquat wiedergegeben werden. Im Französischen sind die *prunes* nicht nur Pflaumen, sondern stehen im Militärjargon auch für Schläge und Kugeln.

[3] Das Tor gehört zur Leoninischen Mauer, die den Vatikan umgibt.

[4] Der Gianicolo ist ein Hügel in Rom, der sich vom Trastevere entlang des rechten Tiberufers bis zum Vatikan erstreckt. Er gehört aber nicht zu den »sieben Hügeln« der Stadt.

Geschicklichkeit unter Beweis zu stellen, die sie schon während des gesamten Feldzugs gezeigt hatten. Einer von ihnen, der in den Weinbergen neben der Straße im Hinterhalt lag, sah aus seiner Vertiefung heraus jeden Kanonier, der sich näherte, um das Geschütz zu bedienen. Alle Kugeln erreichten ihr Ziel; geschützt durch das hohe Gebüsch, das sogar den Rauch seiner Waffe verbarg, verblieb er lange Zeit auf seinem Posten. Es gelang ihm, acht Kanoniere zu Boden zu schicken, bis er schließlich selbst durch einen Kanonenschuss niedergestreckt wurde.

Während die französischen Truppen beharrlich um das Terrain kämpften, gewannen sie doch nichts dabei. Und wer nach einem Angriff nicht vorankommt, muss zurückweichen. Schon bald wurden sie von den Römern überrannt. Vergeblich versuchten die Offiziere, ihre Männer zu sammeln; sie begriffen selbst, dass der Sieg unmöglich geworden war.

Annibal und Henri befanden sich in der Mitte des Haufens und so manches Mal rettete der Leutnant der Pioniertruppen dem Offizier des Generalstabs das Leben, als dieser – von Mut und Hass beflügelt – Mann gegen Mann gegen die römischen Soldaten kämpfte.

Um 5 Uhr morgens wurde zum Rückzug geblasen. Die Regimenter lösten sich auf und die Niederlage war offensichtlich. Vergeblich versuchte General Oudinot, die Flucht zu organisieren, und harrte tapfer im Gefecht aus. Seine Soldaten zerstreuten sich in alle Winde, kehrten aber zu dritt oder zu viert zurück und trugen die durch Gewehrschüsse Verwundeten auf Bahren vom Feld. Einige konnten sich nur mühsam dahinschleppen und wieder andere mühten sich mit Leichen ab, insgeheim ihre Tüchtigkeit und ihren Mut bedauernd, die sie so sinnlos vergeudet hatten.

Annibal, Henri und Jean Taupin waren bis zuletzt unter den Mauern von Rom zurückgeblieben. Geführt von dem Pionier, der den Weg kannte, zogen sie sich danach in Richtung Castel di Guido[1] zurück. Annibal war wütend und Henri traurig; Annibal wütend wegen der Niederlage, Henri traurig wegen der verhängnisvollen Vorzeichen, unter denen der Feldzug begonnen hatte. Um sich ein Bild von den beiden machen zu können, genügt es zu sagen, dass Annibal vollkommen außer sich war, Henri dagegen ganz schweigsam und in sich gekehrt. Sein tapferer Kamerad aber explodierte wie eine Bombe.

»Herr Leutnant«, sagte Jean Taupin, »wir müssen wieder von vorn beginnen. Und wenn wir aus diesem unglückseligen Unternehmen mit ein oder zwei gesunden Beinen zurückkehren, dann haben wir kein Recht, darüber zu jammern.«

»Es ist eine Schande für uns«, brüllte Annibal. »Hast du mitgezählt, wie viele Männer wir getötet oder gefangen genommen haben? Bei Gott! Ich möchte gern sehen, wie sich dieser katastrophale Tag in den Berichten des Generals ausmachen wird!«

»Entschuldigen Sie, Herr Leutnant, wir wissen jetzt, mit wem wir es zu tun haben, und obwohl ich diese Römer keineswegs für anständige Männer halte, sind es trotz allem tapfere Leute, das schwöre ich Ihnen, denn ich habe einige gesehen, die sich ganz schneidig töten ließen.«

»Hör zu, Henri«, fuhr der Leutnant fort, »und sei nicht traurig. Ich nehme an, du hast dich wie ein Soldat geschlagen, und mehr als ein römisches Herz dürfte über-

---

[1] Heute ein Stadtviertel von Rom, früher eine Burg, die auf Guido I., Herzog von Spoleto, genannt Guidone, (um 805–860) zurückgeht, der im Jahre 846 die Sarazenen aus Latium, dem Gebiet, in dem Rom liegt, vertrieben haben soll. Sein gleichnamiger Sohn war König von Italien und Kaiser des Heiligen Römischen Reiches.

rascht darüber gewesen sein, mit welchem Hass du deinen Säbel geführt hast! Was ist? Hast du mir zugehört?«

Der junge Kapitän antwortete nicht; weder der Trost des Leutnants noch die Höflichkeiten des Soldaten konnten ihm ein Lächeln der Anerkennung entlocken. Bald darauf marschierten alle drei schweigend dahin, und als die Nacht hereinbrach, gelangten sie nach Castel di Guido, wo sie auf den kommandierenden General trafen.

Ein anderer Teil der Armee hatte Maglianella eingenommen, sodass alle fliehenden Truppen erst zwei Meilen von Rom entfernt versammelt werden konnten. Als man an die Zählung ging, fehlten siebenhundertfünfzig Mann.

Trotzdem wurde der Misserfolg vom 30. April mit starker Anerkennung bedacht. Man darf aber davon ausgehen, dass die auf der anderen Seite der Stadt lagernden, ebenso glücklosen Österreicher – und damit auch das übrige Europa, das die Ereignisse in Italien sehr aufmerksam verfolgte, – ihre wahre Bedeutung richtig einschätzten.

Diese hohe Anerkennung, der ein Waffenstillstand folgte, markierte den Beginn einiger Verhandlungen. Nichtsdestotrotz trafen weitere unverzichtbare Verstärkungen vor den Mauern Roms ein. Dies hörte bis zum Ende der Belagerung nicht auf und so wuchs das Expeditionskorps schließlich bis auf dreißigtausend Mann an.

Die Armee für Italien war damit endgültig einsatzbereit. Sie setzte sich zusammen aus drei Divisionen, die unter dem Befehl der Generäle Regnault Saint-Jean-d'Angély, Rostolan[1] und Guesvillers[2] standen, aus dreißig Bataillo-

[1] Louis, Comte de Rostolan (1791 – 1862) war ein französischer General und Politiker. 1849 gehörte er zu den befehlshabenden Offizieren der zur Niederschlagung der Römischen Republik entsandten französischen Truppen. Nach dem Sieg wurde er Gouverneur von Rom.

[2] Antoine Philippe Guesviller (1791 – 1865) war ein französischer General und Politiker. 1849 gehörte er zu den befehlshabenden Offizieren der zur Niederschlagung der

nen, acht Schwadronen, sechsunddreißig Feldkanonen, vierzig Belagerungsgeschützen, Kanonen, Haubitzen[1], Mörsern[2] und sechs Kompanien der Pioniertruppen, von denen eine aus Mineuren[3] bestand. Dies waren die eindrucksvollen Kräfte, welche die Befehle des Artilleriegenerals Thyri[4] und die fabelhaften Vorstellungen des Generalleutnants Vaillant[5] von den Pioniertruppen so wacker umsetzten.

Die Position des Herzogs von Reggio stand seitdem fest: Er war der kommandierende General. Offiziell besaß er den Titel und vor allem die entsprechenden Ehren, aber inoffiziell musste er wissen, dass ein Mann von hoher Intelligenz und bedeutenden Fähigkeiten bereit stand, seinen Platz in diesem Feldzug einzunehmen und sich notfalls zum Oberbefehlshaber der französischen Truppen zu erklären. Wenn er das nicht getan hat, so zweifellos deshalb, weil es nicht üblich ist, dass der General eines Spezialkorps zum Kommandanten ernannt wird. Aus diesem Grund nahm Generalleutnant Vaillant von den Pioniertruppen den zweiten Platz ein, übernahm jedoch nach sei-

---

Römischen Republik entsandten französischen Truppen. In seinen Briefen berichtet er ausgiebig über dieses Ereignis.

[1] Geschütze, zwischen Mörser und Kanone, mit denen vor allem Granaten, Brand- und Leuchtkugeln verschossen wurden. Bei großer Nähe des Feinds wurden sie auch mit Kartätschen geladen.

[2] Kurze Kanonen mit steiler Flugbahn bei großem Höhenwinkel und kleiner Ladung für horizontale, meist hinter Deckungen befindliche Ziele.

[3] Pioniersoldaten, die unter den Mauern einer belagerten Stadt Stollen graben mussten.

[4] Charles Ambroise, 2. Baron Thiry, (1791–1868) war ein französischer General. 1849 gehörte er zu den befehlshabenden Offizieren der zur Niederschlagung der Römischen Republik entsandten französischen Truppen. Dort war er, zusammen mit General Vaillant, Herausgeber einer Feldzeitung.

[5] Jean-Baptiste-Philibert Vaillant (1790–1872) war ein französischer General, Staatsmann und Marschall von Frankreich. 1849 gehörte er zu den befehlshabenden Offizieren der zur Niederschlagung der Römischen Republik entsandten französischen Truppen. Dort war er, zusammen mit General Thiry, Herausgeber einer Feldzeitung. Für seine Verdienste während der Belagerung wurde er in den Rang eines Marschalls erhoben.

ner Ankunft vor den Mauern Roms die Leitung aller Belagerungsmaßnahmen.

Die Armee postierte sich auf dem rechten Ufer des Tibers; ihren linken Flügel bildete die 3. Division, indem sie sich auf dem Monte Mario – gegenüber dem Vatikan und nur fünfzehnhundert Meter von dieser Stelle entfernt – und in Mattei auf der Via Portuense niederließ.

Die 2. und die 1. Division, welche den mittleren und den rechten Flügel bildeten, besetzten das Hauptquartier Santucci, das sich mehr als zweitausend Meter südlich von Rom befand, und San Carlo, das etwa siebenhundert Meter vor Santucci liegt. Diese beiden Punkte sind mit der linken Seite des Flusses durch eine Schiffbrücke aus Sassera verbunden.

Die Kavallerie war auf der Seite von Mattei und Santucci verteilt und die Pioniertruppen kampierten in San Carlo. Rund um Rom gibt es kein Dorf und diese verschiedenen Namen bezeichnen Klöster, die im Besitz von Kardinälen oder römischen Fürsten sind. Der Herzog von Reggio hatte sich im Hauptquartier Santucci niedergelassen und der Generalleutnant Vaillant in San Carlo.

Annibals Kompanie lagerte in San Carlo, einem alten Kloster, wo man einige alte, aber ziemlich einladend aussehende Betten vorgefunden und ohne große Umstände in Beschlag genommen hatte. Man befand sich schließlich im Krieg! Zu Beginn des Waffenstillstands nutzten die Pioniertruppen die Zeit dazu, einige tausend Schanzkörbe oder Reisigbündel vorzubereiten. Weil Wälder zu weit entfernt waren, besorgte man das vor Ort; der Vorrat wurde mit Hilfe der Infanterie und verschiedener Fuhrwerke ins Lager geschafft. Die Soldaten, die wegen des Misserfolgs vom 30. April noch ein wenig verunsichert waren, fingen an, ihre gute Laune wiederzufinden. Bald sah es so aus, als ob die Anwesenheit von General Vaillant für Siegesgewissheit gesorgt hätte, denn die Pioniere ließen in kurzer Zeit einen kleinen Wald, der sich in der Nähe der Casa Mattei neben der Via Portuense befand, vom Erdboden verschwinden. Sie lachten glücklich darüber; nichts erfreute sie mehr als solche Werke der Zerstörung. Sie kannten kein größeres Glück, als ein Haus niederzureißen, und wenn sie einen Palazzo dem Erdboden gleichmachen konnten, gerieten sie geradezu in Verzückung.

Henri und Annibal waren immer zusammen – sei es, dass der Leutnant die Arbeiten befehligte, oder dass sie die Umgebung von Rom erkundeten. Während die Artillerie Schanzkörbe aus Weinranken vorbereitete, trafen sich die beiden Freunde oft mit den Truppen der französischen Armee, die inzwischen beinahe mit Taubheit geschlagen waren. Dabei redeten sie stundenlang und es war auch notwendig, dass dies lange Stunden waren, denn die Trommelfelle der Männer waren durch die schrecklichen Detonationen der Mörser oder die Explosion der Feldgeschütze, die sie unter Beschuss genommen hatten, zerplatzt und verhinderten jedes vernünftige Gespräch. Man musste »guten Tag« brüllen und »gute Nacht« schreien. Annibal erbat sich in diesem Fall eine Kanone zum Dolmetschen.

Manchmal näherten sich die beiden Freunde, die von dem tapferen Jean Taupin begleitet wurden, den Mauern Roms und oft unterhielten sie sich sogar mit den Römern, die die französischen Soldaten viele Male in die Stadt führten und sie diese in allen Einzelheiten besichtigen ließen. Es kam sogar vor, dass sich hohe Persönlichkeiten, die als Bauern, Ärzte usw. verkleidet waren, selbst von den Verteidigungsmaßnahmen überzeugten.

In der Tat schienen die Römer nicht daran zu zweifeln, dass der Frieden bald unterzeichnet würde. Stolz auf ihren ersten Sieg, glaubten sie sich sogar im Recht, die Bedingungen hierfür diktieren zu dürfen. Da sie der Anwesenheit der französischen Armee vor ihren Mauern keine große Bedeutung mehr beilegten, ließen sie die Fremden ungehindert hinein und hinaus. Römische Arbeiter setzten sogar die täglichen Ausbesserungsarbeiten an der Basilika San Paolo[1], die eine halbe Meile unterhalb Roms auf der linken Tiberseite liegt, fort. Man sah, wie sie die Außenfassade mit den schönen Marmorsäulen verzierten, die vor Kurzem Papst Pius IX. überlassen worden waren. Oft kamen die Römer auch ins französische Lager; aber diese Besuche stellten kein Risiko dar, denn die Belagerung hatte noch nicht begonnen.

Eines Tages sollten sich die Triumvirn[2] zum kommandierenden General begeben. Dieser ließ – um sie würdig zu empfangen – die Reisigbündel und Schanzkörbe der Armee in zwei Reihen aufschichten, weil er über keine ruhmreichere Dekoration verfügte. Aber diese prächtige Allee aus Totholz wurde nicht eingeweiht, denn die Triumvirn beschlossen, Rom nicht zu verlassen. Einige Tage danach verbreitete sich das Gerücht, dass im Hauptquartier königlicher Besuch zu erwarten sei. Eine römische Prinzessin sollte die Quartiere der französischen Armee mit ihrer Gegenwart beehren. Der kommandierende General hätte zu dieser edlen Prinzessin und den Damen ihres Gefolges nicht freundlicher und ritterlicher sein können. Wie groß aber war das Erstaunen der einfachen Fußsoldaten, als sie nach ihrer Ankunft in Rom unter den Grisetten[3] der Stadt diese schönen Aristokratinnen er-

---

[1] Vollständig: Basilica San Paolo fuori le mura, also Sankt Paul vor den Mauern.

[2] Ein Triumvir ist ein Mitglied eines sogenannten Triumvirats, also einer Dreimännerherrschaft. Hier sind die drei Führer der Römischen Republik von 1849 gemeint: Carlo Armellini, Giuseppe Mazzini und Aurelio Saffi.

[3] Unter diesem Begriff wurde in Frankreich ursprünglich die Gruppe jener jungen Mäd-

kannten, die gar nichts Königliches außer ihrer Schönheit und den vornehmen Gefühlen an sich hatten, die ihnen aber keinerlei Nutzen einbrachten!

Inzwischen drangen Garibaldi und seine Truppen in Rom ein, und während die französische Armee desinteressiert zusah, begann dieser verwegene Abenteurer, die Soldaten des Königs von Neapel[1] zu attackieren. Der ergriff bald darauf mit seiner Armee die Flucht, was beschämend war – denn er floh trotz seiner Truppen und seines Kriegsgeräts überstürzt vor nur einer Handvoll Männer.

Außer diesem Vorfall, der die Stadt und ihre Umgebung eine Zeit lang verunsicherte, blieb es ruhig und sicher im Land. Lediglich einige vereinzelte Plünderer zogen umher, richteten allerdings keine größeren Schäden an.

Henri und Annibal konnten sich auf diesen zahllosen Wegen, welche die Weinberge und Obstgärten in scharfen Winkeln durchschnitten, nicht verlaufen, denn die Spitze des Gianicolo wurde vom Petersdom überragt und wies ihnen zuverlässig den Weg.

Seit einigen Tagen schien es, als ob Annibal sich geheimen Absichten widersetzte, die Henri ausführen wollte. Letzterer warf seinem Freund, der für ihn wie ein Bruder war, vor, es an Freundschaft und Herzensgüte fehlen zu lassen. Am Abend bedrängte er ihn noch heftiger, der Leutnant widersetzte sich aber.

»Gut, Annibal, dann werde ich eben allein gehen.«

»Keinesfalls, Henri, das darf nicht sein!«

---

chen niederen Standes zusammengefasst, welche nicht in Diensten standen, sondern sich selbstständig und alleine lebend ihren Lebensunterhalt als Näherinnen, Putzmacherinnen und in ähnlichen Berufen verdienten und nebenbei ledigen Herren und Studenten den Haushalt besorgten und als deren temporäre Lebenspartnerinnen lebten. Daraus entwickelte sich mit der Zeit die Gleichstellung von Grisetten mit »leichten Mädchen«.

[1] Gemeint ist wahrscheinlich Ferdinand II. Karl (1810–1859), König beider Sizilien.

»Ich werde bestimmt ebenso viel Mut haben wie die meisten unserer Soldaten, die nur das nutzlose Motiv der Neugier hierher geführt hat.«

»Wir sind aber Offiziere, und unsere Uniform könnte irgendwelche Strolche anlocken.«

»Wir werden verkleidet sein! Annibal, dies ist das letzte Mal, dass ich dir von meinem Vorhaben erzähle. Morgen, bei Tagesanbruch, werde ich allein gehen.«

»Aber zu wem willst du denn?«, erwiderte der Leutnant gereizt.

»Wenn ich das wüsste, bräuchte ich es ja gar nicht mehr zu tun, denn dann hätte ich mich schon gerächt!«

»Nun, Henri, du planst irgendein verwegenes Unternehmen und ich kann dich nicht davon abhalten. Aber ich werde dir mit meinem ganzen Mut dabei helfen. Wir werden gemeinsam aufbrechen.«

»Morgen«, entgegnete der junge Kapitän schnell. »Die Verhandlungen nähern sich ihrem Ende, die Waffenruhe wird bald aufgehoben – und dann wird es zu spät sein.«

»Morgen werden wir in Rom einziehen«, erwiderte Annibal traurig.

Der kommandierende General hatte rund um Rom die wichtigsten Positionen einnehmen lassen. Das Fort von Salo, das von mehreren Truppen besetzt war, sicherte die Verbindungen zu Civittavecchia auf dem Landweg ab, während der kleine Hafen von Fiumicino, der am Mittelmeer, an der Mündung des Tibers liegt, auf seine Veranlassung hin von der Marine bewacht wurde.

Am vereinbarten Tag erschienen die beiden jungen Leute – als Bauern verkleidet und in Begleitung von Jean Taupin – bei den Vorposten. Die Römer empfingen sie, ohne Schwierigkeiten zu machen. Sie kletterten über die Barrikade vor der Porta Portese, nahmen die Straßen von San

Michele und Santa Maria und kamen schließlich in Trastevere an, dem auf dem Gianicolo errichteten Stadtviertel, welches das rechte Tiberufer einnimmt. Dies ist der merkwürdigste Stadtteil Roms – vor allem hinsichtlich der Denkmäler, während sich die Altstadt auf der linken Seite des Flusses viel weiträumiger und archäologisch interessanter gestaltet, weil sie reich an Ruinen und antiken Fundstücken ist.

Aber Henri war nicht gekommen, um zu bewundern, sondern um zu sehen und wiederzuerkennen. Auch starrte er die Römer mit beleidigender Hartnäckigkeit an, was ihm einigen Ärger einbringen konnte.

Annibal folgte seinem Freund, ohne ein Wort zu sagen, und Taupin führte sie. Die drei Franzosen erreichten bald den Petersplatz. Henri, der noch düsterer war als sonst, belauerte jeden Passanten. Man musste schon verrückt sein, darauf zu hoffen, in dieser riesigen Stadt einer bestimmten Person zu begegnen, doch niemand hatte jemals behauptet, dass Henri nicht verrückt war. Ohne diesen Wahnsinn hätte ihn die Verzweiflung wohl schon längst umgebracht, denn seine Suche war ergebnislos.

Schnellen Schrittes stieg er zum Tiber hinunter, passierte die Engelsburg und ging dann auf den Corso[1] zu. In dem Augenblick, als er die schöne, von Palästen umsäumte Straße erreichte und von seinen Begleitern wieder eingeholt wurde, befand er sich mitten in einem größeren Menschenauflauf. Zweifellos erzählte einer jener römischen Volksredner mit großer Beredsamkeit von seinen Heldentaten – natürlich zum Nachteil der französischen Armee.

Der junge Kapitän wollte an ihnen vorübergehen, um seine gewohnten Nachforschungen wieder aufzunehmen,

[1] Gemeint ist die Via del Corso, kurz Corso genannt, eine knapp 1,6 km lange Straße zwischen der Piazza del Popolo und der Piazza Venezia.

als ihn einige Frauenschreie innehalten ließen. Es war eine Art Geheul aus sinnlosen und unzusammenhängenden Wörtern, die aber bald durch die Rufe der Menge übertönt wurden.

»Die Verrückte! Die verrückte Französin!«, riefen die Neugierigen.

»Was schwatzen die da?«, fragte Annibal. »Sollte das …?«

Aber der Leutnant schwieg, sodass sein Freund wütend seine Hand schüttelte.

»Nun, was ist los?«, fragte er.

»Halten wir uns zurück!«, antwortete Jean Taupin. »In diesem Land bekommt man schnell einen Messerstich ab.«

»Henri, kommst du?«, rief Annibal.

Aber Henri war nicht mehr bei ihnen.

»Henri! Henri!«, rief er.

»Hierher, Herr Leutnant, hierher!«, schrie Jean Taupin.

Der Pionier, der Annibal von der Menge wegzog, zeigte auf ein zerzaustes junges Mädchen, das in außergewöhnlicher Schnelligkeit den Corso hinablief. Henri folgte ihr, entfernte sich aber immer weiter von ihr, denn er schien mit jedem Schritt schwächer zu werden. Die arme Frau ruderte kräftig mit den Armen und beschrieb die aberwitzigsten Kurven auf ihrer Flucht in Richtung des Kapitols.

»Die Verrückte! Die verrückte Französin!«, brüllte die dumme Menge erneut.

»Vorsicht am Tarpejischen Felsen[1]!«, riefen sie, ohne der Unglücklichen zu Hilfe kommen zu wollen.

Und es war in der Tat zu befürchten, dass sie aus dieser beträchtlichen Höhe hinabstürzte.

---

[1] Etwa 25 m hohe Felskante am südlichen Ende des Kapitolshügels, die im antiken Rom als Richtstätte benutzt wurde, indem man die Verurteilten vom Felsen aus in die Tiefe stürzte.

»Hilfe, helft mir!«, schrie Henri und versuchte vergeblich, sie einzuholen. »Sie ist es, sie, Marie!«

Seine beiden Begleiter folgten ihm auf den Fersen und hatten ihn bald erreicht. Doch ohne die blitzartige Geschwindigkeit ihres Laufes zu verlangsamen, war das junge Mädchen die Stufen zum Kapitol[1] hinuntergesprungen oder besser gesagt, wie ein Geist hinabgeglitten. Dabei hätte jeder Schritt ihren Tod bedeuten können. Die Menge, die sich allerorts in den Straßen drängte, teilte sich in abergläubischer Furcht vor ihr.

Endlich erreichte sie das antike Forum[2] und ließ sich wie eine Tote auf das Kapitell einer zerbrochenen Säule sinken. Plötzlich aber erhob sie sich wieder, wie von fremder Macht gesteuert:

»Wehe, wehe, wehe Rom!«, rief sie. »Wehe der Schande, mit der es sich bedeckt, und wehe dem Namen, den es trägt! Wehe denen, die mich verlassen haben, denn ich bin von Gott auserwählt, um der Grund seines Zorns zu sein.«

Das Volk hatte ihr zitternd zugehört. Plötzlich näherte sich ein Mann der Verrückten.

»Zurück!«, rief er. »Diese Frau gehört mir!«

Bei seinem Anblick wurde das arme Mädchen ohnmächtig; der Mann war Andreani. Jetzt kamen auch Henri und seine zwei Freunde an.

---

[1] Da Jules Verne hier nicht wie häufig Zeit- und/oder Entfernungsangaben macht, sollte man sich Folgendes vor Augen führen: Von der Via del Corso zum Kapitol ist es ein ordentliches Stück Weg, vor allem, wenn man von der Engelsburg aus auf die Straße trifft, was üblicherweise etwa auf der halben Strecke zwischen Piazza del Popolo und Piazza Venezia, den beiden Endpunkten des Corso, erfolgt. Am Tarpejischen Felsen, der sich rechter Hand vom Kapitol befindet, wenn man sich aus Richtung Via del Corso und Piazza Venezia bewegt, kommt man auch nicht ohne Weiteres vorbei. Maries zurückgelegte Strecke lässt sich also auf gut und gerne 2 km schätzen, wenn nicht mehr.

[2] Gemeint ist das Forum Romanum.

»Das ist er! Endlich! Das ist er!«, brüllte der unglückliche Kapitän, doch nach einem Messerstich in den Arm brach er zusammen.

»Zurück!«, rief Annibal. »Zu mir, Jean Taupin!«

Unerschrocken hob der Riese den Freund hoch und machte sich eilig mit ihm davon. Als sie außerhalb der Stadt anlangten, war Henri wieder bei Sinnen, wegen der Verwundung und der Aufregung jedoch sehr geschwächt. Man musste sich die Hilfe einiger Soldaten erbitten, um ins Lager zurückzukehren.

Als die beiden Offiziere San Carlo erreichten, war Jean Taupin nicht mehr bei ihnen. Am nächsten Tag wurde die Waffenruhe beendet.

3. Kapitel
Die Belagerung

Der Botschafter von Frankreich[1] in Rom hatte an den Verhandlungen aktiv teilgenommen, ließ sich aber von den Machenschaften der Triumvirn beeinflussen. Schon bald und beinahe unbewusst fand er sich in einer Position wieder, die für eine solche aufständische Macht viel zu republikanisch war. Außerdem legte er dem Rat der Generäle einen Vertrag vor, der für Frankreich nicht sehr ehrenhaft war. Der Herzog von Reggio, der seinerseits durch die Winkelzüge diplomatischer Beredsamkeit in Verlegenheit gebracht war, wollte sich mit dem Vertrag schon einverstanden erklären und ihn unterzeichnen, als der geheimnisvolle Einfluss, dem er sein militärisches Genie verdankte, ihn seine Überlegenheit fühlen ließ; er sollte es nicht bereuen.

Der Vertrag wurde daher abgelehnt und der Waffenstillstand beendet. Der Befehl zum Angriff kam aus Paris. Als der Waffenstillstand aufgekündigt war, ließ man im Lager das Gerücht verbreiten, dass der Angriff nicht vor dem 4. Juni beginnen würde. Die Römer fielen darauf herein und ließen sich überraschen, denn die französischen Truppen setzten sich bereits am 3. Juni, um 4 Uhr morgens, in Bewegung.

Doch Rom wurde durch ganz andere als römische

---

[1] Ferdinand Marie Vicomte de Lesseps (1805–1894) war ein französischer Diplomat und Unternehmer. Bekannt ist er vor allem als Erbauer des Suezkanals.

Truppen verteidigt: Die Triumvirn Armellini[1], Mazzini und Saffi[2] hatten Garibaldi zu ihrem General gewählt. Dieser piemontesische Abenteurer war mit einem immensen Organisationstalent gesegnet; auch in den schwierigsten Situationen gelang es ihm auf wundersame Weise, sich die nötigen Mittel zu verschaffen und mühelos die widerspenstigsten Männer zu disziplinieren. Dieser republikanische »Teufelsbruder«[3], der sich immer wieder in den dramatischsten Kostümen und in den auffallendsten Farben kleidete, herrschte durch den schrecklichen Klang seines Namens. Seine Spezialtruppen setzten sich aus einem Regiment von Lanzenreitern und einer sechstausend Mann starken Infanterielegion zusammen. Um ihn herum gruppierten sich die Lombarden, deren junge Offiziere den angesehensten lombardischen Familien angehörten, zwei Regimenter aus römischem Verbund, die Dragoner und Karabiniere[4] des Papstes, die Bürgergarde, die ihren Dienst im Stadtinneren versah, und schließlich die Schweizer Kanoniere, die besten Schützen Europas und soeben von der Belagerung Bolognas zurückgekehrt, wo sie lange Zeit die Österreicher aufgehalten hatten.

Auf diese Weise wurde Rom tapfer verteidigt.

Seine Arsenale quollen vor Munition über und die Mauern waren mit einhundertzwanzig Kanonen gespickt. Es war nicht daran zu denken, Rom zu besetzen oder durch

[1] Carlo Armellini (1777–1863) war ein italienischer Politiker und Jurist. Zusammen mit Mazzini und Saffi war er einer der maßgeblichen Führer der Römischen Republik, nach deren Niederschlagung er nach Belgien flüchtete.

[2] Aurelio Saffi (1819–1890) war ein italienischer Politiker und Freund des radikalen Freiheitskämpfers Mazzini, dessen Ideen er sich anschloss. Zusammen mit Mazzini und Armellini war er einer der maßgeblichen Führer der Römischen Republik, nach deren Niederschlagung er für einige Jahre ins Exil ging.

[3] Anspielung auf Michele Pezza (Fra Diavolo, 1771–1806), einem Kämpfer gegen die Neapolitanische Republik und für die Wiederherstellung der Monarchie.

[4] Mit Karabinern bewaffnete Soldaten. In einigen romanischen Staaten entwickelte sich aus diesem Begriff die Bezeichnung für Polizisten.

Aushungern einzunehmen; die französische Armee verfügte damals lediglich über eine Stärke von zwanzigtausend Mann, und mit denen konnte man keine Stadt umzingeln, die einen Umfang von achtzehn Kilometern besaß und darüber hinaus bestens mit Vorräten und Munition versehen war. Sobald man den Gedanken der Umzingelung verworfen hatte und zur Belagerung entschlossen war, konzentrierte sich die Besprechung auf den Angriffspunkt, und der wunderbare Plan des Generals Vaillant wurde verständlich.

Das neue Rom umfasst das gesamte alte und dehnt sich zudem über beide Flussufer aus; einer der höchsten Berge, die es umschließt, ist der Gianicolo. Dieser Hügel sieht uneinnehmbar aus. Er liegt auf der rechten Seite des Tiber und beherrscht die ganze Stadt. Befestigt durch eine Ringmauer, die vom Fluss und dem Portese-Tor bis zur Engelsburg reicht, wird er außerdem von der alten Aurelianischen Mauer[1] durchzogen. Sie bildet hinter der Ringmauer eine große Innenverschanzung, welche von der Porta Portese zum San-Pancrazio-Tor[2] führt.

So ist diese Seite Roms, die von einer doppelten Mauer geschützt wird, viel stärker als der andere Teil der Stadt befestigt, der nur von der alten Ringmauer umgeben ist. Es erschien daher weit sinnvoller, von einem der Punkte des linken Flussufers aus anzugreifen. Aber ungeachtet der Ansicht der Artillerie wollte General Vaillant beweisen, dass der Angriff vom rechten Flussufer her erfolgen sollte, weil er zwar schwieriger und langsamer auszuführen wäre, dafür aber logischer und sicherer sei. In der Tat blieben dadurch die Verbindungswege zur Armee gesichert, und so-

[1] Noch heute fast vollständig erhaltene, ursprünglich 19 km lange, 6 m hohe und 3,5 m tiefe Stadtmauer aus der Zeit von Kaiser Aurelian (214–275).

[2] Eigentlich: Porta San Pancrazio; wurde 1644 an der Stelle der antiken Porta Aurelia, einem der drei Stadttore Roms am westlichen Ufer des Tiber, errichtet und 1849 beim französischen Angriff auf Rom zerstört.

bald der Gianicolo besetzt wäre, hätte man auch die Stadt eingenommen. Denn wenn sie vom Feind beherrscht wäre, könnte sie durch Bomben vernichtet werden, wohingegen sich die Soldaten an der einmal durchbrochenen linken Mauer mit den Römern einen mörderischen und endlosen Barrikadenkampf liefern würden. Und schließlich wollte man nicht den Eindruck erwecken, mit den Österreichern und Neapolitanern, die im Osten der Stadt lagerten, gemeinsame Sache zu machen.

In Frankreich behauptete man, dass die Entscheidung für den Angriff am Gianicolo hauptsächlich das Ziel verfolge, die Denkmäler Roms zu schonen. In Wahrheit nahm man jedoch auf solche archäologische Finessen keinerlei Rücksicht, sondern griff vom rechten Flussufer her an, weil es so sein musste.

Der Artilleriegeneral fügte sich der Meinung des Generals Vaillant; im Fall einer Uneinigkeit hätte die Stimme des kommandierenden Generals den Ausschlag gegeben. Man hatte auch darüber nachgedacht, die Engelsburg in Besitz zu nehmen. Dies war die Meinung Louis Napoléon Bonapartes, des Präsidenten der Französischen Republik, der lange Zeit in Rom gelebt hatte und daher bestens Bescheid wissen musste. Seiner Ansicht nach würden sich die Römer erst nach der Besetzung dieser Festung für besiegt halten. Trotzdem wurde dieser Plan abgelehnt und der Gianicolo zum Angriffspunkt bestimmt.

Ein Grundsatz des Generals der Pioniertruppen war, von einem vorspringenden Punkt und nicht von einem Winkel aus anzugreifen. Man schlägt eine Bresche lieber in eine Festung als in einen Wall, der zwei Festungen miteinander verbindet, denn diese beiden flankieren sich gegenseitig. In ihrem Kreuzfeuer würde eine Annäherung an den Wall unmöglich sein. Außerdem muss man so weit entfernt wie möglich von den zwei Toren, durch die ein Ausfall denkbar ist, angreifen. Für welche Position entschied man sich nun? Die Spitze des Gianicolo ist so ein vorspringender Punkt, der von zwei Festungen flankiert und von einer halbmondförmigen Verschanzung vor dem Wall verteidigt und beherrscht wird. Ihrer starken Befestigung zum Trotz wurde diese Stelle ausgewählt, um Ausgangspunkt des Angriffs zu werden; sie ist von der Porta Portese und dem San-Pancrazio-Tor, die voneinander durch sieben Festungen getrennt sind, gleich weit entfernt. Allerdings waren die Römer während des Waffenstillstands nicht untätig gewesen. In der Stadt hatte man immense Barrikaden errichtet und die Zugangsstraßen allesamt durch Gräben oder Erdaufschüttungen versperrt, die mit Stufen und Bänken für die Infanteristen versehen waren.

Auf Befehl von General Vaillant wurden ein Oberst, ein Kapitän und einige Pioniere auf Erkundung des Gebietes vor den Mauern Roms ausgeschickt. Sie stellten fest, dass das San-Pancrazio-Tor und die benachbarten Wälle mit Sandsäcken gepolstert waren. Auf den Mauern hatte man Schießscharten angebracht, welche die Römer aus tausenden kleinen Obstkörben gefertigt hatten.

Auf dem Monte Testaccio[1] und dem Monte Aventino[2], in der Nähe der Basilika Sant'Alessio[3], waren gewaltige Batterien errichtet worden. Diese Kirche liegt auf dem linken Flussufer des Tibers auf der Höhe der Porta Portese, die sich auf dem rechten Ufer öffnet. Der Testaccio ist ein Hügel, der einhundertzwanzig Fuß hoch ist; er wurde aus einer großen Menge alter Tonscherben errichtet und er-

---

[1] Der Testaccio ist ein Hügel in Rom, der vollständig aus Tonscherben besteht.

[2] Der Monte Aventino (Mons Aventinus) ist der südlichste der sieben Hügel Roms, auf denen das antike Rom erbaut war.

[3] Vollständig: Basilica Santi Bonifacio e Alessio.

hebt sich fünfhundert Meter südlich des Monte Aventino. Das Terrain, das die französische Armee besetzt hatte, war dem Fluss zugeneigt. Die Batterien würden den Hügel also ungehindert unter Beschuss nehmen können.

Nach und nach hatten die Römer vier Festungen ausgerüstet: Die erste flankierte die rechte Seite des San-Pancrazio-Tors, wenn man die Stadt verließ; die anderen drei folgten einander auf der linken Seite. Die letzten beiden befanden sich genau am Vorsprung des Gianicolo, und gegen diesen sollten die ersten Angriffe gerichtet werden. Die freie Fläche zwischen der befestigten Ringmauer und der alten Aurelianischen Mauer wurde von Schützengräben und Verteidigungsbauwerken durchzogen. Vor der Sankt-Petrus-Kirche[1] in Montorio erhoben sich weitere Batterien an der alten Mauer, sodass die Römer von dort aus ihre eigenen Festungen hätten vernichten können, falls diese nach einem Angriff erstürmt worden wären. Links von diesen Batterien, etwa einhundert Meter vom San-Pancrazio-Tor entfernt, erhob sich das Haus, in dem Garibaldi sein Hauptquartier aufgeschlagen hatte.

Es ging nun darum, die Angriffslinie abzusichern und deshalb ihre beiden Endpunkte zu besetzen. Man musste sich also der Ebene bemächtigen, die dem zu besetzenden Teil des Gianicolo gegenüberlag. Aber am linken Endpunkt dieser Hochfläche befanden sich die prächtigen Villen[2] Pamphilj[3], Valentini[4] und Corsini[5] sowie die Kirche San

---

[1] Vollständig: San Pietro in Montorio, eine alte Klosterkirche.

[2] Mit dem Wort »Villa« wird im Italienischen ein ganzes Landgut bezeichnet, nicht nur ein Gebäude. Das entsprechende Gebäude zur Villa nennt man zumeist Palazzo.

[3] Römischer Palazzo der gleichnamigen, aus Umbrien stammenden italienischen Adelsfamilie.

[4] Römischer Palazzo, benannt nach dem preußischen Bankier Vincenzo Valentini, der die Villa 1827 erworben hatte und ihr seinen Namen gab.

[5] Römischer Palazzo der gleichnamigen, aus Florenz stammenden italienischen Adelsfamilie.

Pancrazio, während sich am rechten Endpunkt der Monte Verde erhob. Zwischen diesen beiden Punkten, dem Corsiner Plateau[1] und dem Monte Verde, sollte also die Angriffslinie in einer Länge von dreizehnhundert Metern verlaufen. Nördlich des Corsiner Plateaus lagerten die Truppen von Mattei, während das Hauptquartier Santucci südlich des Monte Verde lag.

Somit waren die Belagerungsmaßnahmen – vollkommen regelmäßig und mathematisch präzise – zwischen der Straße von Civittavecchia und der Porta Portese auf die beiden vorspringenden Punkte des Gianicolo konzentriert. Der Monte Verde lag nicht mehr als achthundert Meter von San Carlo entfernt, wo die Pioniertruppen ihr Quartier bezogen hatten.

Auf diesem unebenen Terrain, das von einigen Wegen durchschnitten, mit Landhäusern bedeckt sowie hohen Weinbergen und Obstgärten übersät war, sollte die von General Vaillant so wunderbar geleitete Belagerung stattfinden. Der Angriff begann mit der Entfernung der Vorposten.

Am 3. Juni, um 3 Uhr morgens, ging die von Frossard[2], dem Kommandanten der Pioniertruppen, geleitete Brigade des Generals Jean Levaillant daran, das Plateau zu besetzen, auf dem sich die Villen Corsini, Valentini und Pamphilj erheben. In der letzteren wurden die Römer, die mit einem Trinkgelage beschäftigt waren, von der Ankunft der Franzosen überrascht. Mit Hilfe eines Pulversacks schlugen die Pioniere eine Bresche in die Ringmauer. Die Wirkung einer solchen Explosion ist außergewöhnlich. Ein

1 Verne benennt das ganze Gebiet dieser höher gelegenen Fläche der Einfachheit halber nach der Villa Corsini.

2 Charles Auguste Frossard (1807–1875) war ein französischer Offizier. 1849 nahm er an der Belagerung Roms teil, wurde verwundet und zum Oberstleutnant befördert. Stieg später bis zum General auf.

Sack mit acht Kilogramm Pulver, auf den man einen Stein, ein Brett oder einen anderen Gegenstand legt, genügt, eine konzentrierte Wirkung hervorzubringen, um eine zehn Zentimeter dicke Eichentür zu zerstören. Die Franzosen glitten durch die Bresche und rannten die Römer mit Bajonetten über den Haufen. Aber die Explosion hatte Alarm ausgelöst; die Verteidigung organisierte sich und die lombardischen Freiwilligen zogen sich in die Villen Corsini und Valentini zurück. Die französische Brigade eilte im Sturmschritt vorwärts und auf zwei neue Punkte zu, die ziemlich in der Nähe lagen.

Doch bald wurden sie von den Kugeln und Granaten der Batterien am San-Pancrazio-Tor aufgerieben. Die Franzosen waren gezwungen, die Villen zu räumen, worauf die Lombarden kühn zurückkehrten. Viermal wurden die Positionen eingenommen und wieder aufgegeben. General Regnault St. Jean-d'Angély kämpfte wie ein einfacher Soldat und wenn er eine Kompanie zögern sah, setzte er sich an deren Spitze, um sie wieder ins Gefecht zu führen. Als Corsini nach fünf Stunden endlich eine Beute der Flammen geworden war, fiel die Villa den Franzosen in die Hände, die sich dort sogleich festsetzten, um nicht von den Kanonen des Feindes bedroht zu werden. Das Corsiner Plateau, der Ausgangspunkt der Operation auf der linken Seite, war nun besetzt.

Inzwischen beschloss man, sich des Monte Verde zu bemächtigen, welcher den Ausgangspunkt der Kampfhandlungen auf der rechten Seite sichern sollte. Die Kompanie des 1. Regiments der Pioniertruppen, zu der Annibal gehörte, verließ San Carlo um 3 Uhr morgens unter dem Befehl von Kapitän Jouslard[1] und erreichte ein Haus, das

[1] Kapitän Jouslard befehligte die 5. Kompanie des 2. Bataillons des ersten Pionierregiments.

siebenhundert Meter vor dem Lager lag und sechshundert Meter vom Platz entfernt war. Dieses Haus bestand aus einem Erdgeschoß mit einer Freitreppe aus Stein und einem Stockwerk mit sechs Fenstern, durch die man auf Rom blickte; es wurde das »Haus mit den grünen Fensterläden« genannt. Die Franzosen verschanzten sich darin.

Annibal wurde beauftragt, auf der rechten Seite ein Häuschen zu besetzen, welches das Tibertal beherrschte und den Ausblick auf einen Teil Roms ermöglichte. Nachdem die Wachtposten aufgestellt waren, quartierte er sich mit dem 2. Leutnant dort ein und streckte sich dann auf dem Stroh im ersten Stock aus. Plötzlich fuhr ein Kanonenschuss quer durch den Raum und bedeckte sie mit Schutt.

»Sind Sie verletzt?«, fragte Annibal.

»Nein«, erwiderte sein Kamerad.

»Nun, dann machen wir uns auf den Weg.«

Sie stiegen hastig nach unten und flüchteten mit den Soldaten hinter das Häuschen. Die Batterien vom Monte Aventino und dem Testaccio donnerten unerbittlich weiter und ließen Trümmer auf Annibals Männer regnen. Anstatt nach oben zu schauen, um ihnen auszuweichen, duckten sie sich, und so fielen ihnen die Splitter dummerweise auf den Kopf. Der Leutnant verglich sie mit Straußenvögeln, als er aber sah, dass die Stellung nicht mehr zu halten war, ließ er die Behausung unter Obhut eines Wachpostens zurück und begab sich zu dem »Haus mit den grünen Fensterläden«. Alle Gebäude hinter der Linie, welche das »Haus mit den grünen Fensterläden« mit den Villen verband, fielen den Belagerern in die Hände; die Besetzung des Corsiner Plateaus und des Monte Verde sicherte außerdem die Angriffslinie, welche die Spitze des Gianicolo einschließen sollte.

Um die Belagerten zu täuschen und sie auch weiterhin über den bedrohten Punkt im Unklaren zu lassen, ließ der kommandierende General die an der Ponte Molle[1] lagernden Truppen zum gegenüberliegenden Teil der Stadt abziehen.

Inzwischen errichteten die Römer an der Ecke der Festung, die dem Monte Verde am nächsten lag, eine Batterie, die am Morgen des 4. Juni das Feuer gegen das »Haus mit den grünen Fensterläden« eröffnete.

Kapitän Jouslard, der es besetzt hatte, befahl seinen Soldaten, hinter die Mauern zu fliehen. In dem Augenblick, als Annibal die Freitreppe hinabstieg, wurde ein Marineoffizier, der als Amateur dem Feldzug gefolgt war, von einer Kugel mitten in die Brust getroffen, dann riss sie einem Soldaten den Kopf ab und zerschmetterte die Hand eines anderen. Als die Römer niemanden mehr sahen, glaubten sie, dass das Haus evakuiert sei, und stellten das Feuer ein.

Diese Einzelkämpfe, die sich aufgrund der Besetzung des Gianicolo als notwendig erwiesen hatten, waren mörderisch gewesen; zweihundertachtzig Mann und vierzehn Offiziere waren dabei außer Gefecht gesetzt worden. Viele dieser Unglücklichen hatten nach einem Priester verlangt, waren jedoch ohne Trost und Gebet gestorben. Das Kriegsbudget, das sich auf fast dreihundertfünfzig Millionen belief, erlaubte es nicht einmal, einen Kaplan zu bezahlen. Die mörderischsten Aktionen waren damit vorbei; Rom sah sich im mathematischen Sinne eingenommen, und zwar ohne allzu großes Blutvergießen.

Ein kleines Haus vor San Carlo wurde zum Grabendepot: Man richtete dort sowie in der Villa Pamphilj und in

---

[1] Gemeint ist die Milvische Brücke, welche den Tiber überspannt.

der Kirche San Pancrazio Ambulanzen ein; zwei weitere wurden am Monte Mario und im Hauptquartier von Santucci etabliert.

Die Schützengräben konnten endlich in Betrieb genommen werden. Um gefahrlos an die Ringmauer einer belagerten Stadt zu gelangen, musste man parallel zu den Mauern einen sechs bis sieben Fuß tiefen Graben ausheben, dessen Erde man auf die Seite des Feindes warf. Dieser Schützengraben sollte breit genug sein, um den Wagen der Artillerie die Durchfahrt zu ermöglichen – und zwar so, dass an den jeweils notwendigen Punkten Batterien errichtet werden konnten. Wenn der erste Graben in einer Entfernung von etwa eintausend Meter ausgehoben ist, bohrt man Laufgräben, die an gefährlichen Orten vorbei und auf die Stadt zu verlaufen; danach zieht man einen zweiten, dritten oder vierten Parallelgraben und kommt auf diese Weise dem Angriffspunkt schrittweise näher.

Man wird daher verstehen, wie nützlich die immer näher heranrückenden Batterien sind, wenn es gilt, Breschen zu schlagen. Um eine gefährliche Stelle passierbar zu machen, muss ein Graben ausgehoben werden, und zwar dergestalt, dass man von den Geschossen, welche von dieser Stelle abgeschossen werden, nicht getroffen wird. Kurz gesagt bewegt man sich fast senkrecht zur Schusslinie.

So erklären sich auch die vielen Zickzacklinien dieser Lauf- und Schützengräben, die sich auf ihrem Weg entfernen, abwenden, zurückkehren, nach vorne schieben und wieder zurückziehen. Mit ihren gut durchdachten Richtungsänderungen trotzen sie den gefährlichen Punkten.

Für den Dienst am Graben wurden die Pioniertruppen in drei Brigaden aufgeteilt: Zwölfhundert Arbeiter und fünfzehnhundert Gardisten standen unter dem Befehl eines Offiziers. Im Mittelpunkt der Operationen, welche die bedrohten Punkte unterstützen sollten, stand General Rostolan mit den restlichen Truppen. Der erste Graben, der von der San-Pancrazio-Kirche bis zu dem kleinen Haus verlief, das Annibal einen Augenblick lang besetzt hatte, hatte eine Länge von dreizehnhundert Metern und wurde auf zwei Angriffsgruppen aufgeteilt: Die linke Hälfte war dem Kommandanten Galbaud Dufort[1] und dem Kapitän Boissonnet[2] anvertraut und die rechte wurde von Kommandant Goury und Kapitän Jouslard befehligt. In der Nacht vom 4. auf den 5. Juni waren die Stadt und das Lager in vorteilhafte Dunkelheit gehüllt. Die Arbeiter, welche Schaufeln und Spitzhacken trugen und ihre Gewehre geschultert hatten, erreichten schweigend das »Haus mit den grünen Fensterläden«.

Sie wurden über die ganze Länge des Grabens verteilt, dessen Plan der Stabsstelle der Pioniere vorgelegt worden war. Auf Kommando sollte jeder Arbeiter ein Loch im Boden graben und sich hineinkauern, es vertiefen, erweitern und mit größter Sorgfalt ausdehnen.

Inzwischen täuschten die Truppen von der Ponte Molle einen Scheinangriff von der Porta del Popolo[3] aus vor. Es war ein kühner Plan und ein gefährliches Unternehmen, diesen Graben in so geringer Distanz anzulegen, da einige Punkte seines Verlaufs nicht mehr als zweihundert Meter entfernt waren. Aber der tüchtige General Vaillant wusste, mit welchen Feinden er es zu tun hatte. Seine Vorsichtsmaßnahme war sowohl verwegen als auch schlau.

---

[1] Joseph Galbaud Dufort (1807–1849) war ein französischer Offizier. Er fiel bei der geschilderten Belagerung von Rom.

[2] André Denis Alfred Boissonnet (1812–1904) war ein französischer Offizier und Politiker. Während der geschilderten Belagerung von Rom bekleidete er den Rang eines Hauptmanns und wurde zweimal ernstlich verwundet. Später stieg er bis zum General auf und wurde Politiker.

[3] Ein Tor in der Aurelianischen Mauer, das früher Porta Flaminia hieß.

Die Artillerie begann sogleich mit der Aufstellung ihrer Batterien. Die erste, vor dem »Haus mit den grünen Fensterläden« errichtet, sollte die Festungsbatterie beschießen, welche die rechte Seite des Vorsprungs am Gianicolo flankierte; die zweite wurde am rechten Endpunkt des Grabens eingesetzt, um das Feuer der Batterien am Testaccio und am Monte Aventino zu erwidern. Sie wurden durch eine Brüstung geschützt, welche man mit fensterartigen Öffnungen versehen und entsprechend ausgerüstet hatte: Die erste bestand aus zwei 16er Geschützen und einer Haubitze, die zweite aus zwei 24er Geschützen und einer Haubitze. Vom Morgen des 5. Juni an konnten sie ein starkes Feuer eröffnen.

Während der Nacht hoben sie die Gräben aus, die dann am Tag noch erweitert wurden. Obwohl der Beschuss der Römer heftig fortgesetzt wurde, gewöhnten sich die Soldaten schnell daran, ihre Köpfe unter den umherschwirrenden Kugeln einzuziehen. Darüber hinaus hatten sie kaum etwas zu befürchten.

Allerdings stellten die Belagerten bald fest, dass die Infanterietruppen regelmäßig um 4 Uhr nachmittags und morgens abgelöst wurden. Sie richteten ihr Feuer deshalb auf die Brigaden, die den Graben erreichten oder verließen. Um diese Gefahr zu vermeiden, errichtete man in der Nacht vom 5. auf den 6. Juni hinter dem Schützengraben einen überdachten Weg, der ihn mit dem Lager verband, sodass die Soldaten gefahrlos ihrer Arbeit nachgehen konnten.

Henri, der von der Ambulanz in San Carlos zurückgehalten wurde, litt noch immer an seiner Verletzung. Sein Blut, das durch Aufregung und Verzweiflung erhitzt war, entzündete seine Wunde und verhinderte die Narbenbildung. Annibal verbrachte die ganze Zeit, die er nicht im

Dienst war, in seiner Nähe. Henri bezweifelte nicht, dass der brave Jean Taupin ein Opfer seines Diensteifers geworden war, und die Fieberträume, die ihn unablässig zum Narren hielten, drehten sich auch nur um den unglücklichen Soldaten.

»Er ist dorthin gegangen, um zu sterben«, sagte Henri.

»Nein«, gab der Leutnant zurück, »er ist dort geblieben, um dich zu rächen!«

Aber in das Herz des jungen Kapitäns, der sich auf seinem Bett vor Schmerzen krümmte, wollte kein Vertrauen mehr einkehren.

Die Stellungen wurden ohne Ruhepausen weiter ausgebaut. Die römischen Batterien hatten jetzt erbitterte Gegner bekommen, die sie beschäftigten und unentwegt bekämpften. Auch die Artillerie war damit befasst, die Aufstellung jener Batterien vorzunehmen, die für das Schlagen von Breschen vorgesehen waren. Deshalb errichtete man nun etwa in der Mitte des Schützengrabens eine dritte Stellung, die etwa zweihundertzwanzig Meter entfernt war. Sie bestand aus geeigneten Granatwerfern zum Beschuss der Bastionen und wurde während der Nacht vom 7. auf den 8. gerüstet. Zur gleichen Zeit öffnete man die rechte Seite des Parallelgrabens, indem man eine kleine Abzweigung schuf, die vom Testaccio und vom Monte Aventino her benutzt werden konnte. Inzwischen schlängelten sich Laufgräben, die bis zum zweiten Parallelschacht führen sollten, über das ganze Gelände. Oft wurden die Erdarbeiten durch Gewitter unterbrochen, die sorgfältige Ausführung der Arbeiten verhinderte aber jeden Einsturz.

Um den Beschuss der Römer während des Tages möglichst rasch einzustellen, legten sich Jäger aus Vivienne in der Kirche San Pancrazio, in Corsini und in den Schützengräben in den Hinterhalt. Diese bewundernswerten Schützen töteten die römischen Artilleristen aus sechshundert Metern Entfernung und mehr, indem sie die Schießscharten nutzten. Ihre Gewehre waren mit seltener Perfektion angefertigt und mit einer Nummernskala versehen, welche die Abweichung der Kugeln für jede Reichweite sofort berechnete. Dies ermöglichte es ihnen, mit größter Genauigkeit über die unglaublichsten Entfernungen hin zu treffen. Die tüchtigen Soldaten wurden schon bald unter dem Schutt der Villa Corsini begraben, und so hob man auch nach hinten einen Schützengraben aus, von dem aus sie im Schutz der Kanone auf den Platz feuern konnten.

Im Verlauf des 9. Juni versuchten die Belagerten gegen 8 Uhr abends einen Ausbruch über das San-Pancrazio-Tor und eine recht ungewöhnliche Barrikade, die aus Fässern errichtet worden war, welche sie vor sich her rollten. Dies erlaubte ihnen, sich in den Weinbergen zu verschanzen, von wo aus sie einen tödlichen Beschuss veranstalteten. Aber ein schreckliches Gewitter zwang sie bald darauf, nach Rom zurückzukehren.

Während der folgenden Nächte wurden die Arbeiten fortgesetzt. Zeitweise konnte man dem Verlauf der Gräben nicht genau folgen, die bald von den Batterien des Vatikans, bald von den Geschützen auf den Stadtmauern mit voller Kraft beschossen wurden; die tapferen Soldaten verloren jedoch nicht den Mut. In der nächsten Nacht konnten sie den Fehler wieder gutmachen, und so wurde die Stadt – ohne dass sie davon wusste – immer mehr eingeschnürt.

Nahezu alle Tätigkeiten wurden in fliegender Bewegung ausgeführt: Die Arbeiter begnügten sich damit, einige Schanzkörbe vor sich herzuschieben, die sie mit Erde aufgefüllt hatten. Hinter diesem schwachen Schutz höhlten sie Löcher aus, in die sie sich hineinkauerten. Die Arbeit an den Laufgräben, welche sie mittels Harnisch und Kopfschutz herstellten, ging trotz ihrer Ungeduld nicht schnell genug voran. In der Nacht vom 10. auf den 11. Juni stieß der Streckenverlauf – so wie von General Vaillant beabsichtigt – an eine halbmondförmige Mauer. Sie schützte die zwischen den beiden Festungen gelegene Schildmauer, auf die sich der Angriff konzentrierte.

Auch die Artillerie war nicht untätig geblieben. In der Nacht vom 8. auf den 9. hatte sie in der Nähe der Mörser eine vierte Batterie errichtet, die einhundertfünfundsiebzig Meter entfernt lag und eine Bresche in die Bastion zur Rechten schlagen sollte. Während der Nacht vom 10. auf den 11. erhob sich dann eine fünfte Batterie in einhundertfünfundzwanzig Metern Entfernung, um die rechte Flanke der Festung zur Linken einzuschließen. Und schließlich gab es zur Rechten der Villa Corsini eine sechste Batterie, die dazu bestimmt war, die linke Flanke derselben Festung zu beschießen.

Die Aufstellung dieser drei Batterien kam ins Stocken: Sie waren nur deshalb noch nicht gerüstet, weil die Wege nicht benutzbar waren. So wurden die Belagerungsmaßnahmen mit mathematischer Genauigkeit geleitet und mussten schließlich an das Ziel führen.

Gegen 1 Uhr morgens schleuderten die Belagerten einen gewaltigen Brandsatz gegen die Passera-Brücke[1], der aber rechtzeitig entdeckt und bald von einigen Kanonenschüssen ausgelöscht wurde.

Der zweite parallel verlaufende Graben war großenteils fertiggestellt. Vom vorspringenden Punkt des Halbmon-

[1] Schiffsbrücke über den Tiber im römischen Stadtbezirk Portuense.

des aus hatte man ihn an der kleinen Mauer zur Linken entlanggeführt. Diese Arbeit war in Ruhe verlaufen: Nichts ließ einen weiteren Angriff der Römer vermuten und mit der Beschlagnahmung von achtzig Fahrzeugen mit Lebensmitteln und Wein, welche General Morris[1] an der Spitze seiner Kavallerie und eines Infanteriebataillons erbeutet hatte, brach die Nacht herein.

Um 8 Uhr morgens waren jedoch vier Kompanien des Unionsregiments im Schutz der Halbmondmauer bis an das Ende des Grabens vorgerückt, den sie augenblicklich besetzten.

Zwischen diesen Truppen und der 55. Linie entbrannte ein Feuerwechsel. Henri Formont, den seine Verwundung nicht mehr länger im Lager zurückhielt und der durch die sich nähernden Detonationen beunruhigt war, begab sich an den Gefechtsort und kämpfte wie ein verrückter oder verzweifelter Held auf Seiten des Obersts Niels[2] von den Pioniertruppen, der die Verteidigung leitete. Eine Dreiviertelstunde lang erlahmte sein Arm nicht, doch schließlich eroberten die Römer, nachdem sie etwa vierzig Mann im Gefecht verloren hatten, die Stadt zurück. Die Soldaten legten ihre pulvergeschwärzten Flinten nieder und setzten den Ausbau der Schützengräben fort.

In der Nacht vom 12. auf den 13. war der zweite Graben vollständig fertiggestellt und für die Mannschaften der Artillerie begehbar. So, wie es der General versprochen hatte, waren die drei Breschenbatterien und die Mörserbatterie nun bereit, um mit dem Beschuss zu beginnen.

---

[1] Louis-Michel Morris (1803–1867) war ein französischer Kavallerie-Offizier. Er nahm als General an der geschilderten Belagerung von Rom teil.

[2] Adolphe Niel (1802–1869) war ein französischer Offizier und Politiker. Er nahm als Stabschef am Feldzug teil.

4. Kapitel
Der Angriff

Die kühnen Führer, welche die Republik regierten, regten die Bevölkerung zur Verteidigung der Stadt an; aber die friedlichen Bürger hatten kaum Lust, sich zum Dienst an den Befestigungsmauern verpflichten zu lassen. Die Bürgergarde, die den Kugelhagel nicht gewohnt und verblüfft über die Geschicktheit der Jäger von Orléans war, begab sich in recht kläglicher Stimmung an die Stadtmauer. Diese unglücklichen Gelegenheitssoldaten wurden erst wieder abgelöst, als ihr gesamter Munitionsvorrat verbraucht war. Sie beeilten sich, schlecht und daneben zu schießen, und flohen erst dann, als keine einzige Patrone mehr ihr Gewissen belastete.

Die Triumvirn vergaßen jedoch nicht, den Staatsgeist erneut anzufachen; sie verbreiteten die ruhmreichsten Geschichten zu ihren Gunsten. Der Misserfolg vom 30. April wurde als gewaltiger Sieg gepriesen; dieses große Wort war an der Tagesordnung. Auch die Flucht des Königs von Neapel vor Garibaldis Truppen geriet zum Anlass für die schmeichelhaftesten Behauptungen, und das Datum erhielt einen historischen Stellenwert.

Die Langsamkeit der Belagerung gab den Belagerten Anlass zur Heiterkeit; noch glaubten sie nicht daran, unweigerlich besiegt zu werden. Die Franzosen würden früher oder später erfolgreich in die Stadt eindringen. Bei aller Geistesgröße und Beflissenheit hatte General Vaillant in Erfüllung seiner Pflicht die Aufgabe, das Leben seiner Soldaten zu schützen. Daher waren seine Verluste auch gering. Wenn die römische Garnison über den Belagerungskrieg besser informiert gewesen wäre, so hätte sie wenigstens einige Maßnahmen der Belagerer behindert oder sogar vereitelt. Sie hätte verstanden, dass ihre Kapitulation das notwendige Ergebnis eines geometrischen Problems sein würde.

Andreani nahm an den Aufrufen der Triumvirn regen Anteil. Die Frau, die er Henris Verfolgung entzogen hatte, war in den Straßen Roms nicht mehr aufgetaucht, doch beschäftigte sie ihn nicht in dem Maß, dass er an der Verteidigung der Stadt nicht mehr aktiv und überall zugleich hätte beteiligt sein können. In dieser wahnsinnigen und blutigen Szene hatte er den französischen Offizier wiedererkannt und damit auch verstanden, was ihn mit seinem Opfer verband. Doch der Verräter wusste nicht, dass er durch den wackeren Jean Taupin verfolgt, bespitzelt und gehetzt wurde. Gleich, nachdem er den jungen Kapitän in Sicherheit wusste, hatte sich der kühne Soldat an Andreanis Fersen geheftet.

Erst als er ihm dann auf tausend Umwegen gefolgt war und einige Einzelheiten über den ehemaligen Sekretär erfahren hatte, war ihm der Gedanke gekommen, wieder ins Lager zurückzukehren. Doch die Tore Roms waren verschlossen und am Folgetag wurde der Waffenstillstand endgültig aufgehoben. Von da an war Jean Taupin ein Gefangener, ohne erkannt worden zu sein, betrachtete aber die ganze Stadt als Gefängnis und war entschlossen, das Geheimnis aufzudecken, das ihn in diese gefährliche Situation verstrickt hatte. Ein heimliches Gefühl schien Henri Formont mit dieser unglücklichen Verrückten zu verbinden; es galt, in Erfahrung zu bringen, welchen Einfluss

Andreani auf das junge Mädchen ausübte, welcher Art seine Pläne waren und in welch schändlichem Labyrinth aus Niedertracht und Knechtschaft dieses unglückliche Kind gefangen gehalten wurde.

Jeden Abend, vor Einbruch der Nacht, ging Andreani durch das San-Pancrazio-Tor hinaus. Jean Taupin kannte sein Ziel nicht, schreckte aber vor der Kontrolle durch die Wachtposten zurück und wagte es daher nicht, sich aus der Stadt zu entfernen.

Aber Andreani konnte nicht sehr weit gegangen sein, denn andernfalls wäre er den französischen Vorposten in die Hände gefallen. Taupin beschränkte sich daher darauf, ihn im Inneren der Stadt zu beobachten. Doch er erfuhr nichts, was ihn auf die Spur seiner Niedertracht hätte bringen können. Andreani war lediglich zum Verkünder falscher Nachrichten geworden; ständig kolportierte er angebliche Siege, von denen er meist durch die Belagerer selbst erfahren haben wollte.

Schon oft hatte er die Triumvirn durch seine Hemmungslosigkeit erschreckt, so wie einst Hébert[1] die gemäßigten Kräfte des Konvents, Danton[2] und Robespierre[3], entsetzt hatte. Andreani hasste die Franzosen genauso, wie ein Mörder sein Opfer hasste. Er wünschte auch keine gütliche Einigung mit den Feinden, da er glaubte, dass sie alle nur hier waren, um die Beleidigung eines Einzelnen zu rächen. Sein Zorn war auch schrecklich, als am 12. Juni

---

[1] Jacques-René Hébert (1757–1794) war ein Revolutionär und eine wichtige Persönlichkeit während der Französischen Revolution.

[2] Georges Jacques Danton (1759–1794) war ein Revolutionär und eine wichtige Persönlichkeit während der Französischen Revolution sowie Mitinitiator der sogenannten Terrorherrschaft, der er selbst zum Opfer fiel, als er sich später gegen sie aussprach.

[3] Maximilien Marie Isidore de Robespierre (1758–1794) war ein Revolutionär und eine wichtige Persönlichkeit während der Französischen Revolution sowie Mitinitiator der sogenannten Terrorherrschaft. Da er seine Macht zunehmend missbrauchte, wurde er verhaftet und hingerichtet.

um 6 Uhr abends Kommandant Poulle den Triumvirn die Kapitulationsbedingungen des kommandierenden Generals überbrachte. Eigenhändig zerriss er diese Proklamation, die den Römern zur Kenntnis gebracht wurde:

> »An die Einwohner Roms! Obwohl wir von der Französischen Republik als Vermittler zu euch geschickt wurden, hat man uns wie Feinde empfangen. Bislang war unsere Antwort auf das Feuer, das ihr von der Stadtmauer auf uns gerichtet habt, noch zurückhaltend. Der Augenblick ist nahe, dass die Erfordernisse des Krieges sich in einer schrecklichen Katastrophe entladen werden. Erspart euch das Entsetzen in einer Stadt mit so glorreichen Erinnerungen! Römer, akzeptiert uns als Vermittler in euren internen Streitigkeiten und nehmt nicht die Verantwortung für eine nie mehr gutzumachende Katastrophe auf euch!«

Diese Bedingungen konnte der Feind nicht mit seiner Gemütsruhe und seiner Ehre vereinbaren und als der Kommandant ohne jegliches Ergebnis ins Lager zurückkehrte, wurde am Tag darauf um 6 Uhr morgens vom Hauptquartier aus der Befehl zum Angriff erteilt.

Auf dieses Signal hin eröffneten die drei Breschenbatterien gleichzeitig das Feuer, die Mörser ließen Bomben auf die Stadtmauer fallen, was den Aufenthalt auf dieser extrem gefährlich machte. Einige Projektile verirrten sich sogar bis zum Trastevere, wo die Explosionen Trümmer und Tod hinterließen.

»Ihr Mörder!«, riefen die Römer von den Mauern herab. »Ihr tötet Kinder und Frauen!«

Chaos verbreitete sich in ihren Reihen. Zuerst flohen sie vor dem tödlichen Feuer, dann aber kehrten sie kühn auf ihre Posten zurück. Sie richteten die zahllosen Verteidigungskanonen in jeden Winkel und nahmen durch die Schießscharten sogar noch die verwundeten und am Boden liegenden Franzosen aufs Korn. Alles war ihnen gut genug, um die Belagerer zu vernichten: Schaufeln, Zangen, Eisenstangen und Steine. Sie verwendeten alle möglichen Projektile, und ihre Kanonen spuckten den Tod auf tausenderlei Art. Sie profitierten sogar von dem schlechten Zustand der französischen Projektile, denn auf dem Land war es üblich, die alte Munition aus den Lagern zu verwenden, während die neue für kleinere Scharmützel und Paradegefechte diente. Oft fielen Bomben in die Reihen der Römer, ohne zu explodieren, und diese schoss man dann aus Haubitzen gleichen Durchmessers mit dem größten Erfolg zurück. Trotz all ihrer Anstrengungen wurde die Batterie der Festung zur Rechten zum Schweigen gebracht.

Inzwischen waren die am ersten Schützengraben gelegenen Breschenbatterien zwar näher herangerückt, doch die steile Böschung hinderte sie daran, die Mauer an der vereinbarten Stelle zu zerstören; sie konnten dem außergewöhnlich harten Zement, der diese Ziegel miteinander verband, kaum etwas anhaben. Um eine Bresche zu schlagen, feuert man in zwei horizontal verlaufenden parallelen Linien auf etwa zwei Drittel der Mauer. Der Bereich zwischen diesen beiden Linien wird von Kugeln durchlöchert. So erreicht man, dass die Mauer von selbst einstürzt und der Graben mit Schutt aufgefüllt und damit passierbar wird.

Als auch die neuen Gräben die Stadt immer mehr einschnürten, begann die Artillerie in der Nacht vom 15. auf den 16. mit der Errichtung einer 7. Batterie, die fünfzig Meter von dieser Stelle entfernt war und die Schildmauer beschießen sollte. Eine achte, die fünfundvierzig Meter entfernt war, sollte damit fortfahren, eine Bresche in die Festung auf der rechten Seite zu schlagen. Beide zusammen waren mit den Geschützen der ersten Breschenbatterien ausgestattet.

Da aber setzte der Beschuss des Testaccio mit neuer Heftigkeit ein und fegte über die Laufgräben hinweg. Obwohl die Franzosen den Schüssen entgingen, waren sie vor Querschlägern nicht geschützt und die in den Gräben explodierenden Granaten machten dieselben unbenutzbar. Der kommandierende General ließ nun ganz unverhohlen ein Feldgeschütz herbeischaffen, welches zur Linken von San Carlo in den Hinterhalt gelegt wurde. Seine Schüsse waren von großer Präzision und überraschender Tollkühnheit, und innerhalb einer Stunde war die Batterie vom Testaccio zerstört und der Berg mit Leichen übersät.

In der folgenden Nacht sah man, wie neue Belagerungsbatterien errichtet wurden. Die neunte sollte die Festung zur Linken beschießen, die zehnte – in der Nähe von Corsini und weit hinter den anderen – wurde gegen die Festung eingesetzt, welche die linke Seite des San-Pancrazio-Tors flankierte. Sie hatte den Auftrag, gleichzeitig die umliegenden Batterien, die Häuser an den Festungen, den prächtigen Vachello-Palast auf der linken Seite der Straße und das Garibaldi-Haus zu beschießen.

Während der folgenden Nacht sanken die Wege vor den Batterien ein und so wurde auf der den drei Breschen gegenüberliegenden Seite ein Durchbruch vorgenommen. Am 19. Juni eröffneten die neuen Batterien den Beschuss, die Römer reagierten sehr heftig und die während der Nacht auf dem Testaccio errichteten Batterien richteten mehr Schäden an als jemals zuvor. Vergeblich versuchte man, mit dem Feldgeschütz zu kontern, und so musste man wieder auf die am rechten Ende des Grabens gelegene zweite Batterie zurückgreifen, um die Gegenwehr lahmzulegen.

Nach einiger Zeit setzten die Römer die Artillerie der Engelsburg auf der anderen Seite des Gianicolo ein, um die Besetzung des Ponte Molle zu verhindern.

Aber die französischen Kanonen antworteten prompt und so wurde dieser Vorort, der von der Piazza del Popolo bis zum Ponte Molle reicht, bald zerstört. Während der folgenden Nächte wurde die Arbeit an den Laufgräben fortgesetzt; neue Schächte umgaben die zwei Festungen am San-Pancrazio-Tor und bildeten einen dritten Parallelgraben. Somit waren die Belagerer so weit wie nur möglich an die Bastionen und die Schildmauer am Vorsprung herangekommen.

Am 21. donnerte die Kanone während des gesamten Tages; man stellte fest, dass die Breschen brauchbar waren, und so wurde der Angriff für die folgende Nacht ausgemacht. Um 11 Uhr nachts wurde drei Kolonnen, von denen jede aus zwei Kompanien mit Grenadieren und Voltigeuren[1] bestand, der Angriff befohlen. Jede von ihnen wurde durch einen Offizier geleitet, dem jeweils eine Brigade von dreißig Pionieren direkt unterstand; sie waren dazu bestimmt, die Bresche einzunehmen. Die Hälfte der Brigade marschierte den Grenadieren nach; die andere Hälfte, welche Werkzeuge und Pulversäcke trug, folgte den Voltigeuren.

Kommandant Galbaud Dufort leitete den Angriff. Jede Kolonne sollte eine der drei Breschen erobern, die es in den zwei Festungen und in der Schildmauer gab. Die Mauern waren vom Kugelhagel beträchtlich beschädigt worden und die drei Durchbrüche, welche mit dem nächsten

[1] Truppen der leichten Infanterie.

Graben verbunden waren, führten zu jeder der drei Breschen. Sie gewährten den Angreifern solange Deckung, bis sie die Mauer erreicht hatten.

Annibal und Henri standen unter dem Kommando von Kapitän Jouslard, der die erste Kolonne leitete. Sie stürmten auf die Festung zur Rechten zu. Der Angriff gestaltete sich gefährlich, denn die Bastion war durch ein kaum zerstörtes und mit zahlreichen Verteidigern besetztes Haus gekrönt. Aus den zwei Fensterreihen brach ein schreckliches Gewehrfeuer hervor.

»Feuer!«, rief der brave Kapitän Jouslard.

Dann stürmte er, von Kapitän d'Astelet[1] gefolgt, in den Vorhof des Hauses, um die Türen einzuschlagen. Aber in dem Augenblick, als sie eine kleine Mauer erklommen, fielen sie tödlich getroffen zu Boden.

»Vorwärts!«, rief Annibal.

Die Pioniere folgten eilig, hoben Kapitän Jouslard auf und brachten ihn in das »Haus mit den grünen Fensterläden«, wo er ein paar Stunden später sein Leben aushauchte.

»Blut und Vergeltung!«, schrie Henri.

Die Belagerer hefteten sich zornentbrannt an seine Fersen. Er erreichte die Haustür, die unter Kolben- und Axthieben zerbarst; die Römer widersetzten sich vergebens dem Ansturm der Franzosen. Vergeblich versuchten sie, den Gegner aus dem Erdgeschoss hinauszuwerfen: Sie wurden von einer beweglichen Wand aus Bajonetten in ihrer letzten Zuflucht in die Enge getrieben, zerdrückt und zerrissen.

»Gnade! Erbarmen!«, flehten sie auf Knien. »Gnade!«

»Kein Pardon!«, erwiderte Henri düster und sein Säbel

[1] Emmanuel Thibeau d'Astelet (1813–1849) war ein französischer Offizier. Er fiel bei der geschilderten Belagerung von Rom.

tauchte sich unentwegt in das Blut der Besiegten; kein Einziger überlebte diesen mörderischen Kampf.

Inzwischen waren auch die Arbeiter aus dem Lager mit ihren Schanzkörben angekommen und die Festung wurde endgültig eingenommen. Das Haus war mit einem Winkel der Schildmauer und der eng eingeschlossenen Festung verbunden; über Laufgräben konnte die dahinterliegende Bresche erreicht werden.

Die Angriffskolonne an der Schildmauer, die nach der Überwindung der Bresche lediglich bereitstehen sollte, um die eine oder andere Bastion zu sichern, verlor ebenfalls einen Kapitän und zog sich zum Fuß der Mauer zurück. Die Römer hatten in ihrer Unwissenheit nicht genügend Vorbereitungen getroffen, um den Feind zurückzudrängen. Mehrere geteerte Reisigbündel, welche sie an den Breschen angebracht hatten, konnten nicht ordentlich in Brand gesetzt werden. Sie hatten auch einige Sprengkammern angelegt, diese aber nicht zur Detonation bringen können, so dass sie am Tag darauf wieder entladen wurden. Und doch wären sie das sicherste Mittel gewesen, das Vordringen der Belagerer zu verlangsamen. Nichts macht den Soldaten mehr Angst als diese schrecklichen Explosionen. Eine Mine ist bald gelegt; in einer Nacht graben sechs oder sieben Pioniere mühelos einen Schacht, in dem sie die tödlichen Maschinen im gewünschten Augenblick mittels Elektrizität und Bunsenbatterien[1] zu zünden vermögen. Mit dreiundneunzig Kilogramm Pulver, das man in vier Metern Tiefe deponiert, erzeugt man einen Riss mit einem Durchmesser von vier Metern, und falls man mehrere Minen übereinander schichtet, entsteht auf dem Ge-

[1] Gemeint ist das sogenannte Bunsenelement, eine von dem deutschen Chemiker Robert Wilhelm Eberhard Bunsen (1811 – 1899) im Jahre 1841 erfundene Spannungsquelle, die in der Lage ist, eine elektrische Spannung von ca. 1,9 Volt zu liefern.

lände ein Spalt, der ganze Kompanien verschlingt. Es gibt nichts Schrecklicheres als durch Schießpulver verursachte Verletzungen. Eine Kugel streckt einen Mann zu Boden, wo er still und reglos stirbt. Die Brandwunden verursachen bei den armen Teufeln jedoch ein entsetzliches Geschrei und fürchterliche Verrenkungen. Als bei dem Angriff auf Constantine[1] ein Pulvermagazin neben der Bresche in die Luft flog, wurden die ersten Reihen der Soldaten buchstäblich verkohlt, während die übrigen schwarz und halbverbrannt die Flucht ergriffen, wobei ihr schreckliches Geheul die Luft erfüllte. Auch bei der Belagerung Roms hätten die Soldaten die Breschen mit weniger Tollkühnheit erstürmt, falls es vor ihnen zu einer solchen Explosion gekommen wäre.

Doch noch immer sollten sich die Römer tapfer verteidigen. Bei Tagesanbruch errichtete man vor der Kirche San Pietro in Montorio, nahe der alten Aurelianischen Mauer, neue Batterien; weitere erhoben sich auf der Bastion, welche die rechte Seite des San-Pancrazio-Tors flankierte. Die Verteidigung zog sich also beachtlich in die Länge. Diese Batterien donnerten gegen die während der Nacht eingenommenen Stellungen. Der stets aufs Neue instand gesetzte Testaccio setzte seinen Beschuss fort. Um 7 Uhr morgens wurden die Franzosen gezwungen, die Trümmer des Hauses an der ersten Bastion zu evakuieren. Die Römer verbarrikadierten sich erneut darin, doch eine Elitekompanie beeilte sich, es tollkühn wieder einzunehmen.

Henri, den es nicht kümmerte, ob man ihm folgte oder nicht, umrundete die Bastion. Ungeachtet des Batterie-

[1] Anspielung auf die Eroberung der Stadt Constantine in Algier, die am 13. Oktober 1837, nach starker Gegenwehr der Araber, von den französischen Truppen unter dem Befehl des späteren Generals Christophe-Léon-Louis Juchault de Lamoricière oder La Moricière (1806–1865) erobert wurde.

feuers, ungeachtet der Gräben, die das Terrain durchzogen, eilte er auf die Straßen von Trastevere zu. Es regnete Kugeln um ihn herum; die Geschosse wühlten den Boden auf und bedeckten ihn mit Trümmern. Er lief, er rannte unentwegt weiter. Einige römische Soldaten hefteten sich an seine Fersen; mit seinem Säbel versuchte er, die Hiebe, die man ihm versetzte, zu parieren. Er stand allein zwanzig Mann gegenüber, er würde unterliegen. Da gesellte sich ein kräftiger Arm an seine Seite.

»Nur Mut, Herr Kapitän!«, rief jemand neben ihm.

Einige Franzosen kamen ihnen zu Hilfe; die Römer wurden allmählich zurückgedrängt. Sie räumten die Festung ein zweites Mal und ließen etwa zwanzig der Ihrigen dort zurück. Henri war gerettet, er folgte den Fliehenden.

»Nicht so schnell, nicht so weit voraus, Herr Kapitän!«

Henri drehte sich um, Jean Taupin stand vor ihm.

»Zurück!«, rief er.

Beide kehrten zur Festung zurück, wo neue Verschanzungen sie vor einem Handstreich schützten. Jean Taupin fiel Annibal und Henri in die Arme.

»Bald erfahren Sie meine Geschichte!«, sagte er.

Die Franzosen nutzten den Tag, um ihre Position dadurch zu stärken, dass sie die Laufgräben vertieften, welche an gefährlichen Stellen vorbeiführten. Auf diese Weise wurden beide Festungen eingenommen und auf ihren Plattformen französische Batterien errichtet, um die neuen römischen Befestigungen zu beschießen. Vier Offiziere und dreißig Soldaten waren bei diesem ruhmreichen Angriff gefallen; die Pioniertruppen, die dem Feuer am meisten ausgesetzt waren, mussten die größten Verluste verzeichnen. Doch General Vaillant hatte einen Fuß in die Tür gesetzt, es würde nicht lange dauern, bis er auch den anderen drin hatte.

In der folgenden Nacht waren die beiden Offiziere und Jean Taupin wieder zusammen.

»Du bist also nicht tot!«, sagte Annibal zu ihm.

»Entschuldigen Sie, Herr Leutnant, ich habe ja alles getan, was ich konnte …«

»Um zu sterben?«

»Im Gegenteil, um zu leben! Und es ist mir nicht schlecht gelungen!«

»Jean«, sagte Henri traurig.

»Oh, entschuldigen Sie, Herr Kapitän! Wir sollten von Ihnen sprechen! Ich habe diese junge Dame nicht mehr wiedergesehen.«

»Kein einziges Mal?

»Nein, nie.«

»Hast du dich freiwillig gefangen nehmen lassen?«, fragte der Leutnant.

»Sehr unfreiwillig; nach dem Angriff dieses Italieners habe ich mich eilig an seine Fersen geheftet. Als ich die Stadt verlassen wollte, waren die Tore verschlossen und der Waffenstillstand beendet. Seither bin ich, um meine erzwungene Gefangenschaft zu nutzen, zum Schatten dieses Mörders geworden. Ich hätte ihn töten können, aber …«

»Du hast richtig gehandelt, ihn leben zu lassen«, sagte Henri kalt.

»Diese Frau kann Rom nicht verlassen haben«, meinte Annibal.

»Ich glaube das auch, Herr Leutnant, habe sie aber nicht mehr wiedergesehen. Ich habe verschiedene Leute nach der schönen Französin befragt und dabei erfahren, dass sie erst vor drei Monaten nach Rom gekommen ist. Da hatte sie jedoch schon den Verstand verloren und es scheint, als habe man sie der Obhut dieses Andreani anvertraut.«

»Du kennst seinen Namen?«, fragte Henri und erzitterte.

»Ja, und ich kenne auch seinen Beruf.«

»Ist er eine Art Adjutant Garibaldis?«

»Jetzt ja, aber vor dem Krieg war er der Sondersekretär des Papstes!«

»Ein Priester also?«, rief der junge Kapitän.

»Nein, ein Laie, der aber auch nicht mehr wert ist und den der Papst entlassen hat, kein Mensch weiß, warum!«

»Ich weiß es, ich schon«, sagte Henri. »Der Papst wird seine Niedertracht erkannt haben. Oh, meine arme Marie!«

»Henri«, sagte Annibal und ergriff seine Hand. »Die Zeit ist gekommen, dich uns anzuvertrauen. Du kannst dir unserer Ergebenheit absolut sicher sein, der dieses tapferen Mannes, der sein Leben für dich riskiert hat, und auch der meinen, der ich für dich sterben würde. Du hättest bei diesem Gefecht getötet werden können. Mache nun also das Testament deines Herzens: Hinterlasse einem von uns den Schutz der Frau, die du liebst, und dem anderen die Aufgabe, sie zu rächen!«

Henri drückte ihnen fest die Hand und erwiderte leise:

»Vor drei Monaten wollte ich Marie heiraten. Ich habe sie geliebt und liebe sie noch; sie war jedoch krank! Eine schreckliche Aufregung hätte sie beinahe umgebracht. Sie war das Opfer einer versuchten Entführung geworden, war von unsichtbaren Schurken umgeben, die sie entehren wollten. So war es wichtig, dass sie schnellstens meine Frau wurde, um Tag und Nacht über sie wachen zu können. Schließlich standen wir vor dem Altar; sie schwor mir vor Gott ewige Liebe. Als die Zeremonie beendet war und wir durch die Menge schritten, führte eine plötzliche Explosion zu großer Verwirrung unter den Anwesenden; dichter Rauch umhüllte uns. Ich wollte zu Marie eilen, doch, oh Gott, oh, mein Gott! Sie war verschwunden. Ich kannte weder den Namen ihres Entführers noch hatte ich sein Gesicht gesehen. Zwei Tage lang war ich wie verrückt, sonst hätte ich sie gewiss wiedergefunden. Dann kehrte ein Teil meiner Besinnung wieder zurück; ich suchte nach ihr, fragte überall herum und legte mich auf die Lauer. Ich erfuhr, dass am Hochzeitstag eine Postkutsche die Stadt verlassen hatte; von Poststation zu Poststation folgte ich den Spuren ihrer Fahrt. Sie führten mich an die Grenzen von Frankreich, nach Marseille. Ein Mann und eine kranke Frau, die dessen Schwester sein sollte, hatten sich nach Rom eingeschifft. Gott sagte mir, dass es sich dabei um Marie handelte, und so ging ich an Bord, als der Krieg erklärt wurde. Ich nahm auf eigene Faust am Krieg teil und fand mich schließlich vor diesen unüberwindbaren Mauern wieder, welche das arme Kind bargen! Oh, ich möchte sterben! Sie ist verrückt! Ihr habt sie ebenso gesehen wie ich, sie hat mich nicht einmal wiedererkannt! Nun fühle ich, dass ihr Wahnsinn manchmal nach mir greift, und so wiederhole ich ihre Worte: Wehe, wehe!«

Der arme junge Mann schien in eine Krise zu fallen, die nur durch seine Gefährten bewältigt werden konnte.

»Wir werden ihn rächen«, sagte Annibal zu Taupin.

»Ja, Herr Leutnant, aber an dieser Sache ist etwas Verhängnisvolles, das weiß ich: Er ist zu unglücklich, als dass er eines Tages wieder glücklich sein könnte!«

Die drei Franzosen kehrten zu ihren jeweiligen Posten zurück. Die beiden Festungen an den vorspringenden Punkten waren eingenommen worden; der Angriff sollte sich auf die linke Seite konzentrieren. Um Herr über den Gianicolo zu sein, musste man sich der beiden Festungen, welche das San-Pancrazio-Tor flankierten, bemächtigen. Es ging also darum, parallele Gräben zu ziehen, die in der

Nähe der Breschen des ersten Angriffs lagen und den Ausfallpunkt verschleiern sollten. Die eingenommenen Festungen würden zu Verschanzungspositionen für die Belagerer werden. Die Artillerie begann mit der Aufstellung ihrer Batterien; dann führte man große Erdbewegungen aus, um das Niveau des Bodens der Höhe der Wälle und der Stelle, an der die Batterie der Schildmauer errichtet werden sollte, anzugleichen.

Dies war nun schon der dritte Schritt, den die Belagerungsbatterien vorwärts machten. Während der Nächte vom 22. auf den 23. und vom 23. auf den 24. arbeitete man am Schützengrabenverlauf, der an diesem Ort – den Festungen am San-Pancrazio-Tor und am Vachello – vorbeiführte. Am Morgen des 25. begann die Batterie an der Schildmauer, die aus zwei 16er und zwei 24er Geschützen bestand, mit dem Beschuss; aber die beiden nächstgelegenen Batterien von San Pietro in Montorio und die etwas entfernteren, aber noch immer beachtlichen Geschütze am Testaccio und bei Sant'Alessio erwiderten das Feuer.

Weil sie dem Feuerregen von fünf Batterien ganz allein ausgesetzt war, wurde die Batterie der Franzosen überwältigt. Man verschloss die Öffnungen und musste nun darauf warten, dass die beiden Festungen mit Kanonen bestückt wurden, um Beistand leisten zu können.

In der Nacht vom 24. auf den 25. war der neue Parallelgraben fertiggestellt; die Kanonaden der Römer waren entsetzlich, ihr Feuer zerstörerisch. Die am Ende des ersten Grabens gelegene Batterie musste ein viertes Mal aufgerüstet werden, um den Testaccio und eine neue, auf dem Monte Aventino in der Nähe der Kirchen von Sant'Alessio und Santa Sabina[1] entdeckte Stellung beschießen zu kön-

[1] Eigentlich Basilica Santa Sabina all'Aventino.

nen. Dies war ein Augenblick großer Sorge. Würden die zahllosen Projektile der Belagerten die französischen Positionen zerstören?

Nun aber, am Morgen des 25. Juni, erschien ein Parlamentär[1] über den Schützengräben, der von mehreren Personen begleitet wurde. Da man ihn zuerst nicht bemerkte, wurde der Beschuss seitens der Belagerer fortgesetzt und einige Männer um ihn herum fielen. Unter ihnen war ein Franzose, der Maler Laviron[2], einer jener Tapferen, die sich in den Dienst aller zweifelhaften Freiheitsbestrebungen und Aufstände stellen. Schließlich wurde das Feuer eingestellt und der Parlamentär in das Hauptquartier geführt. Unglücklicherweise unterließ man dabei die Vorsichtsmaßnahme, ihm die Augen zu verbinden, weshalb er sehen konnte, wie neue Batterien errichtet wurden. Ohnehin schien dies das eigentliche Motiv für die Anwesenheit des Mannes gewesen zu sein, der als Vorwand einen von den meisten Konsuln Europas unterzeichneten Protest gegen die Bombardierung überbrachte.

Als sie an San Carlo vorüberkamen, schritt er durch die Reihen der Pioniere.

»Er ist es! Immer wieder er!«, rief Henri Formont.

»Meiner Treu, wir haben ihn«, schrie Jean Taupin.

Und er wollte sich auf ihn stürzen. Der Parlamentär Andreani betrachtete ihn voller Zorn und Verachtung; er wusste sich geschützt durch das Kriegsrecht und ließ ihn einfach stehen.

»Er ist unantastbar«, sagte Annibal.

---

[1] Unterhändler.

[2] Im Original: Laviroy. Gabriel-Joseph-Hippolyte Laviron (1806–1849) war ein französischer Maler und Kunstkritiker. 1848 nahm er an der Februarrevolution in Frankreich teil, wurde zur Deportation verurteilt, floh nach Genua und Rom, wo er Garibaldis Truppen beitrat. Während des Angriffs auf die Bastion zwischen dem San-Pancrazio- und dem Portese-Tor fiel er unter den Kugeln der Belagerer.

»Ich will ihm folgen, ihn stellen, ihm von Angesicht zu Angesicht gegenüberstehen, damit sein verhasstes Bild sich tief in mein Gedächtnis eingräbt.«

Es war der junge Kapitän, der so gesprochen hatte, und er begleitete den Verräter, den das Kriegsrecht vor seiner Rache schützte, bis ins Hauptquartier.

Nachdem General Oudinot die Protestnote der Konsuln vernommen hatte, blieb ihm nur, sich über diese hinwegzusetzen. In seiner Soldatenehre wusste er, dass es niederträchtig wäre, eine Stadt auszulöschen, und er wusste auch, dass ein Bombardement nicht gerade französischer Tradition entspräche; aber er wäre ja nicht verantwortlich für Geschosse, die versehentlich andere Ziele träfen. Sicher, er hätte das Trastevere unter einem Hagel von Projektilen zerstören können, stattdessen würde er sich damit begnügen, die von den Römern besetzten gefährlichen Stellen zu bombardieren, wie die römischen Schützengräben und die Batterien von San Pietro.

Andreanis Mission war erfolglos verlaufen, aber der zweifache Verräter hatte die Vorbereitungen der Belagerer mit angesehen; nachdem er einen langen, hasserfüllten Blick auf den Kapitän des Generalstabs geworfen hatte, wurde er zu den Vorposten gebracht.

In der folgenden Nacht machte man sich auf den Weg und zog am Vachello vorbei. Während des Tages versuchte man zum zweiten Mal, das Feuer mit der Batterie der Schildmauer zu eröffnen, doch diese wurde erneut zerstört und zum Schweigen gebracht. Die so notwendig gewordene Bewaffnung der Festungen wurde endlich abgeschlossen: Die Bastion zur Rechten erhielt vier Kanonen, die dazu bestimmt waren, das San-Pancrazio-Tor und die Batterie von San Pietro zu beschießen; die zur Linken wurde mit drei Kanonen ausgerüstet, während sich sechs Haubitzen gegen San Pietro, die Festung rechts von San Pancrazio und das Haus Garibaldis richteten.

Gleichzeitig stellte die Artillerie am 26. abends in der Nähe der Villa Corsini eine 14. Batterie auf, die mehr als zweihundert Meter entfernt war und eine Bresche in die Festung zur Rechten des San-Pancrazio-Tors schlagen sollte, während eine andere, bereits zu Beginn der Belagerung errichtete Stellung die Bastion zur Linken unter Beschuss nahm.

So trachtete man danach, einen neuen Angriff durch diese zwei Breschen zu versuchen und sich der beiden Festungen am San-Pancrazio-Tor zu bemächtigen, deren Besetzung die Übergabe der Stadt entscheiden würde. Niemals war die Betriebsamkeit größer gewesen.

Am Morgen des 27. eröffneten dreizehn Batterien gleichzeitig das Feuer; vom Testaccio bis zur San-Pietro-Kirche, von den Villen bis hin zum »Haus mit den grünen Fensterläden« zeichneten Kugeln und Granaten ein unentwirrbares Feuernetz in den Himmel über den Kämpfern. Mehrere französische Offiziere wurden getötet, doch den Belagerern gelang es augenblicklich, das Feuer von San Pietro einzustellen.

Die beiden in den Festungen am San-Pancrazio-Tor angestrebten Breschen wurden ungleichmäßig vorangetrieben: Die auf der rechten Seite war beinahe passierbar, die zur Linken öffnete sich nicht. Das lag daran, dass die Corsini-Batterie den Angreifern keinen Nutzen brachte, weil von ihr aus der Fuß der Mauer nicht zu sehen war. Die meisten Geschosse rasierten lediglich die Mauerkrone und gingen irgendwo in Rom verloren. Eines von ihnen traf den Kopf einer Statue auf dem Kapitol, ein anderes schlug in den Saal ein, in dem die Beratungen der Triumvirn stattfanden. Während der Nacht vom 28. auf den 29.

arbeiteten die Belagerer weiter an den Gräben, wo sie dem heftigsten Beschuss ausgesetzt waren. Trotzdem gelang ihnen gegenüber der Bresche der Durchbruch. Die Römer glaubten an einen Angriff und versuchten, die Linien der Franzosen mit Hilfe von Raketen hell zu beleuchten; sie konnten deren Voranrücken jedoch trotz des schrecklichen Beschusses nicht aufhalten.

Am nächsten Tag wurde der Angriff auf die Tagesordnung gesetzt, die Folgendes vorsah: Sechs Elitekompanien, die man aus den Regimentern der 2. Division zusammenstellte, bildeten zwei Angriffskolonnen. Die erste sollte die Bresche erklimmen, die zweite als Reserve an der Grabenöffnung zurückbleiben. Eine dritte Kolonne, die aus den Elitekompanien der Grabenwachen zusammengesetzt wurde, stand schließlich bereit, um die belagerte Festung zur Rechten zu stürmen, wo sie sich mit der ersten vereinigen sollte. Dabei sollte das Gebiet zwischen der befestigten Stadtmauer und der alten Mauer durchquert werden, ein Gebiet, das von Schützengräben durchzogen war und von den Batterien von San Pietro beherrscht wurde.

Jede Kolonne, die wie beim ersten Angriff zusammengesetzt war, wurde von einem Offizier der Pioniertruppen geleitet: Oberst Lespinasse wurde an die Spitze der Truppen gestellt und Kommandant Galbaud Dufort leitete auch dieses Mal den Angriff.

Schließlich kam die Nacht vom 29. auf den 30. Juni. Die Truppen von Santa Passera[1] wurden durch etwa dreißig Brandsätze, die auf die Brücke geworfen, aber rechtzeitig ausgelöscht werden konnten, in Alarmbereitschaft

[1] Chiesa di Santa Passera, die Kirche des Heiligen Passera, im römischen Stadtbezirk Portuense gelegen. Da es keinen christlichen Heiligen mit Namen Passera gibt, wird vermutet, dass es sich hierbei um eine im Volksmund verballhornte Ableitung von Abbás Cyrus (Vater Ciro) handelt, einem Geistlichen aus der volkstümlichen Überlieferung.

gehalten. General Guesvilliers täuschte einen Angriff auf die Porta del Popolo vor, um die Römer hinters Licht zu führen.

Um 2 Uhr morgens stürmte die erste Kolonne unter Befehl von Kapitän d'Austrelaine zur Bresche, wobei sie einen sehr heftigen Beschuss aus den inneren Verschanzungen und dem Garibaldi-Haus hinnehmen musste. Die Franzosen stürzten sich in die römischen Schützengräben, erstachen etwa einhundertfünfzig Mann mit dem Bajonett und machten einhundert Gefangene, darunter achtzehn Offiziere. Die Pioniere eilten zu den Batterien an der Aurelianischen Mauer und kämpften Seite an Seite mit den Artilleristen, von denen viele an ihren Geschützen getötet wurden. Acht Kanonen verblieben in ihrem Besitz.

Die Soldaten, von der Begeisterung über ihren Erfolg beflügelt, rückten bis zum San-Pancrazio-Tor vor, wurden aber schon bald gezwungen, zu der Festung, die sie bei dem Angriff erstürmt hatten, zurückzukehren. Die Reservekolonne gesellte sich hinzu und verschloss die Stelle mit ihren Schanzkörben. Die rechte Seite des eingenommenen Bereiches grenzte an die verlassene Festung und war auf der Rückseite mit einem an der Ecke stehenden Haus verbunden. Bei der Organisation der Arbeiten an diesen verschiedenen Punkten wurde der tapfere Kommandant Galbaud Dufort von zwei Kugeln getroffen. Man brachte ihn zur Ambulanz, doch ein paar Tage später verstarb er in Rom. Das Kommando über den Angriff wurde Oberst Ardent übertragen.

Die dritte Kolonne verließ die Festung und erstürmte die römischen Stellungen. Nach einiger Unschlüssigkeit, während der die Belagerer sich gegenseitig beschossen, vereinte sich die Truppe mit den Angriffskolonnen und der Gianicolo war besetzt.

Neun Offiziere und einhundertzehn Soldaten waren getötet worden; die Römer hatten sich tapfer verteidigt, denn diese Stellung war sehr wichtig. Um 4 Uhr morgens begann der Beschuss mit neuer Heftigkeit; die Gefangenen wurden ins Hauptquartier und von dort nach Korsika gebracht. Gegen 10 Uhr stellte man das Feuer ein, um die Toten, die den Boden der Festungen bedeckten, begraben zu können. Die Arbeiten an den Laufgräben wurden fortgesetzt.

General Vaillant konnte einen großen Erfolg für sich verzeichnen. Die Einnahme der Festungen am San-Pancrazio-Tor hatte die Lage verändert: Die Belagerer herrschten nun über Rom und die Franzosen konnten nach Belieben in den Straßen des Trastevere von Haus zu Haus gehen oder die Ewige Stadt bombardieren.

5. Kapitel
Kapitulation und Schluss

Rom befand sich in einer verzweifelten Lage!

Die Bevölkerung, die in diesem unnötigen Krieg weder von Hassgefühlen noch von der Aussicht auf einen Sieg getrieben war, forderte nachdrücklich die Übergabe der Stadt. In Wirklichkeit waren diejenigen, die deren Verteidigung mit Hartnäckigkeit betrieben, weniger Römer als die Römer selbst. General Garibaldi, der seine aus Abenteurern bestehenden Truppen und sein aufsässiges Wesen in den Dienst aller Revolten und extremen Parteien stellte, trat energisch für den Kampf ein. Seine Legion, die so tapfer, leidenschaftlich und temperamentvoll wie das Sankt-Elms-Feuer[1] war, konnte nur im Sturm leben und fand in Friedenszeiten keine Verwendung mehr für ihre Tapferkeit und Treue. Diese Handvoll Männer erwartete also eine Existenz an den üblichen Orten. Sie musste sich töten lassen – darin lag ihre Bestimmung!

Den Triumvirn Mazzini, Saffi und Armellini konnte es ebenfalls nur Vorteile bringen, wenn sie den Status quo beibehielten; für sie bedeutete der Sieg die Herrschaft, die Niederlage jedoch den Untergang. Trotz der republikanischen Strenge übt man die Macht gern bequem aus, und der Thron verfügt vor allem für diejenigen Demokra-

---

[1] So wird das Leuchten der Spitzen von Mastbäumen und Segelstangen, von Türmen und Blitzableitern genannt, welches zuweilen bei mit Elektrizität überladener Luft auch an Tieren und Menschen und deren Bekleidung wahrgenommen wird.

ten, die an Luxus nicht gewöhnt sind, über eine bequeme Polsterung. So ist eben die Welt! Während die wirklichen Könige versuchen, ihre Titel vergessen zu lassen, sich verstecken und abtreten, halten die bloßen Inhaber der Exekutivgewalt die Krone hoch, um sich – wenn sie es denn vermögen – gleichfalls zu Königen zu machen.

Auch die Triumvirn, die absoluten Herren der Stadt, hatten geschworen, sie bis aufs Äußerste zu verteidigen. Rom war schließlich noch nicht besetzt, und es wäre immer noch Zeit zu fliehen, irgendeiner neugegründeten Republik zu dienen oder aber die Ereignisse in einem neutralen Land abzuwarten. In London zum Beispiel, wo die Regierung so verfassungskonform, so liberal und so stark war, dass sie zuletzt einem berühmten Flüchtling[1] erlaubt hatte, ein Buch über die Dekadenz in England zu veröffentlichen.

Wahre Freiheit kann es nur unter einer festen und unverrückbaren Herrschaft geben, einer Herrschaft, deren Stabilität nicht vom Ausgang katastrophaler Wahlen oder erfolgreicher Handstreiche abhängig ist. In einer Republik kann jeder Mensch ganz legal nach der Oberherrschaft streben. Infolgedessen werden die Ehrgeizigen – die nichts zu verlieren, sondern alles zu gewinnen haben – sich einen offenen Kampf mit den Mächten des Tages liefern, während die Anarchie unentwegt zwischen diesen populären Blüten, die nur in den Treibhäusern der Revolutionen gedeihen, Wurzeln schlägt. Doch die Regierung ist eine ernst-

[1] Bei diesem »berühmten Flüchtling« handelt es sich nach der Buchausgabe der vorliegenden Erzählung in: *San Carlos et autres récits inédits.* Paris: le cherche midi éditeur, 1993, S. 138 um Charles Louis Napoléon Bonaparte, der von 1840 bis 1846 auf der Festung Ham interniert war, von wo aus er unter anderem die politische Schrift *De l'extinction du paupérisme* verfasste, ein Manifest zur Bekämpfung der Armut der Arbeiterklasse, einen Begriff, den er dort mehrfach verwendete. Im Jahr 1846 gelang ihm eine spektakuläre Flucht und er konnte sich nach England absetzen.

hafte Angelegenheit. Man darf den Weg zur Macht nicht als Wettlauf betrachten und, um schneller ans Ziel zu kommen, Konventionen, Prinzipien, Präzedenzfälle und Verfassungen, welche die unerschütterlichen Grundlagen eines Staates darstellen, verletzen.

Wenn man allen törichten Hoffnungen freien Lauf lässt und sie nicht durch die Unverrückbarkeit eines großen Prinzips unterdrückt, des Erbprinzips, das sich ihren Versuchen widersetzt, dann herrscht Anarchie im Lande, die Freiheit wird eigenhändig erdrosselt und die Diktatur schlägt mit ganzer Kraft zu. Während die Aufrührer Mittel und Wege finden, sich der gerechten Strafe zu entziehen, sieht sich der friedliebende Teil der Bevölkerung um seine Geschäfte, seinen Wohlstand und um seine Zukunft betrogen.

Und genau das geschah in Rom: Seine friedlichen und daher für größere Freiheiten geeigneten Menschen waren seit dem Bestehen der Republik niemals weniger frei gewesen. Schon bald vermissten sie Pius IX. und seine weisen Maßnahmen. Der Papst, der ein Mann von besonderen Verdiensten war, hatte begriffen, dass er die Macht säkularisieren[1] musste und sie nicht nur den Priestern anvertrauen durfte. Es handelte sich hier um eine Arbeit, die nicht für geweihte Hände geeignet war. Um vor den Augen der katholischen Welt seine Unabhängigkeit sicherzustellen, musste das Oberhaupt der Kirche ein weltlicher Staatsführer sein. Ohne diese Souveränität wäre er von der Gnade jeder Regierung abhängig, die ihn hätte empfangen wollen. Er wäre dann nichts weiter als ein bezahlter Angestellter des Staates, und eine Religion, die nicht mehr frei ist, wäre auch nicht mehr katholisch.

[1] Kirchenbesitz verstaatlichen; hier im Sinne von Verweltlichen benutzt.

Aber der Papst konnte – als König seines Reiches – die Ausübung seiner Macht sehr wohl weltlichen Geistern überlassen, und in einigen Fällen musste er dies sogar tun. So lag nun in Rom die Polizeigewalt bei den Priestern, und es stieß selbst weniger zartbesaitete Menschen ab, wenn sie mit ansehen mussten, wie diese in die düstersten Abwasserkanäle eindrangen, durch die der Schmutz eines ganzen Staates floss. Als Leiter der Polizei befahl der Kardinalvikar[1] über eine Armee von Untergebenen, die sich als Geistliche eigentlich von dunklen Machenschaften hätten fernhalten sollen. Übrigens bot das hohe Prinzip der Konfession keinerlei Garantie mehr, wenn die Priesterschaft sich tagtäglich den beschämenden Praktiken der Denunziation und der Spionage hingab. Der Papst musste also unverzüglich damit beginnen, all diese Taktlosigkeiten, die das Feingefühl der Regierung zerstörten, zu reformieren.

Die römische Bevölkerung begriff die Situation besser als ihre Führer, die nicht daran interessiert waren, sie zu verstehen; voller Verlangen verglich sie diese mit der Ruhe vergangener Zeiten. Trotz falscher Nachrichten sah sie, wie die Belagerer Schritt für Schritt vorrückten; binnen Kurzem würden sie die Herren der Stadt sein. Ein längerer – überdies unnötiger – Widerstand würde die Römer den traurigen Erfordernissen des Krieges aussetzen und ihre gewaltsam eingenommene Stadt dem ganzen Schrecken der Bombardierung und der Plünderung ausliefern.

Die verfassunggebende Nationalversammlung öffnete nun ihrerseits die Augen: Die revolutionären Bewegungen in Frankreich, mit denen sie gerechnet hatte, waren zur Ruhe gekommen und Louis Napoléon Bonaparte, der Präsi-

[1] Stellvertreter des Papstes für das Bistum Rom.

dent der Republik, ließ bereits erkennen, dass seine Autorität nicht von kurzer Dauer sein würde. Nachdem das Land befriedet, die Anarchie beseitigt, der Handel wiederbelebt, das Vertrauen wieder gestärkt und der Staat mit soliden und dauerhaften Verfügungen ausgestattet worden war, würde er sich von niemand anderem um die Früchte seines verwegenen Werks bringen lassen.

Die römische Nationalversammlung lieh ihr Ohr nun den Klagen der Bevölkerung und beschloss, den Krieg zu beenden. Am 30. Juni ließ sie in Rom eine Bekanntmachung verkünden, die mit den folgenden Worten endete:

> »Die verfassunggebende Nationalversammlung erklärt von nun an jegliche Verteidigung für unnötig und beauftragt das Triumvirat, ihre Entscheidung umzusetzen.«

Als um 6 Uhr abends die Batterien ihren Beschuss mit doppelter Kraft fortsetzten, erschien ein Parlamentär mit einer weißen Fahne; es war ein Offizier der Bürgergarde. Er stieg über den Schützengraben und rief:

»Es muss ein Ende haben! Wir ergeben uns!«

Das Feuer wurde auf der ganzen Linie eingestellt und der Unterhändler wurde mit verbundenen Augen in das Hauptquartier geführt, wo er den kommandierenden General über den Inhalt der in Rom veröffentlichten Proklamation in Kenntnis setzte. Sogleich begannen die Verhandlungen und die römische Stadtverwaltung verließ die Stadt. Sie begab sich nach Santucci und versuchte, günstige Konditionen zu erlangen. Aber General Oudinot wollte als Sieger einziehen, die Stadtverwaltung kehrte daher nach Rom zurück, ohne ihre Verhandlungen zu einem Abschluss gebracht zu haben.

In Erwartung des Abbruchs der Gespräche wurden die Arbeiten auf beiden Seiten fortgesetzt. Die Belagerten organisierten erneut die Verteidigung der Festung zur Linken des San-Pancrazio-Tors, während Annibal mit seiner Kompanie damit begann, einen Standort für eine Batterie zu suchen, um diese Bastion zu bekämpfen. Henri begleitete ihn, und da sich jetzt das Ende seiner schrecklichen Geschichte näherte, hatte er ein wenig von der Ruhe, die ihm bisher fehlte, wiedergefunden. Er glaubte von nun an sicher zu sein, sein Verhängnis besiegen zu können; der Triumph der Franzosen musste den Fluch, der über seinem Leben lag, zerstört haben. Der Sieg Frankreichs war auch sein eigener, und während zwei Völker wegen ihrer Prinzipien ins Feld gezogen waren, hatten sich zwei Männer ihrer Rache wegen bekämpft.

Inmitten der unentwegt aufeinanderprallenden Massen hatten sie nur sich allein gesehen und die auf dem Boden liegenden Leichen schienen ihr Leben lediglich im Dienst ihres persönlichen Hasses verloren zu haben. Aber Andreani gehörte nun zu den Besiegten, während Henri im Lager der Sieger stand.

In der Nacht vom 30. Juni auf den 1. Juli wurde die Verbindung zwischen dem 4. und dem 5. Schützengraben abgeschlossen. Das San-Pancrazio-Tor wurde von einem Laufgraben umgeben, welcher den Vorsprung der Festung auf der rechten Seite mit dem prächtigen Vachello-Palast verband, den die Römer erst vor Kurzem, und zwar am Tag nach dem Abbruch der Verhandlungen, verlassen hatten.

Die Arbeiten rund um das San-Pancrazio-Tor wurden fortgesetzt. In der Nacht vom 1. auf den 2. wichen die Belagerten immer mehr zurück, und dann zog Oberst Frossard von den Pionieren mit einigen Truppen im Trastevere ein. Die Häuser waren verlassen und so konnte er – ohne auf Hindernisse zu stoßen – bis zum Tiber vorrücken.

An vielen Orten blieben die römischen Truppen jedoch auf ihren Posten; die Lombarden lösten die Soldaten Garibaldis bei San Pietro in Montorio ab. Der berühmte Abenteurer zögerte nicht lange, um Rom zu verlassen, und flüchtete in die Apenninen. Zu seiner Verfolgung wurde eine Brigade ausgesandt, allerdings mit dem Befehl, ihn nicht gefangen zu nehmen. Was hätte man mit ihm auch machen sollen?

In der Nacht vom 2. auf den 3. Juli, der 29. Nacht in den Schützengräben, stellte man in der Nähe des San-Pancrazio-Tors eine kleine Verschanzung her, doch die Verteidigung war inzwischen führungslos: Die römischen Truppen wichen unentwegt zurück. Andreani war seit zwei Tagen verschwunden. Seiner Gewohnheit nach war er eines Abends durch das San-Pancrazio-Tor weggegangen und man hatte ihn seither nicht mehr wiedergesehen.

Der Vachello[1] ist ein prächtiger Sommerpalast, der auf dem Corsini-Plateau steht; man findet ihn, kurz bevor man Rom durch das San-Pancrazio-Tor betritt, auf der linken Seite. Lange hatte er den Römern als Vorposten gedient, war dann aber im Kugelhagel verwüstet und vom Bombenregen regelrecht zerstört worden. Die Gärten wurden durch die Verschanzungen völlig durcheinandergebracht, die Statuen pulverisiert. Die an vielen Stellen eingerissenen Mauern gaben den Blick auf herrliche Fresken frei: Dieser wunderschöne Palast war ein Abbild der Ruinen des Krieges, trauriger, scharfkantiger, geschwärzter,

[1] Es lässt sich kein Palazzo dieses Namens nachweisen. Doch im oberen Teil der Villa Corsini, also auf dem Gebiet des Corsini-Guts, stand ein Gebäude namens Casino dei Quattro Venti (Landhaus der vier Winde), welches bei den blutigen Kämpfen der beschriebenen militärischen Auseinandersetzung von den Franzosen massiv beschädigt wurde.

zerbrochener Ruinen. Wie deutlich unterschieden sich diese Trümmer von den Bauwerken früherer Zeiten, deren Mauern allmählich zu düsteren Überresten zusammensanken. Noch in ihrem Verfall wirkten sie malerisch und solide und verschwanden unter einem weiten Mantel von Grünzeug und Blumen. Die Zeit erzeugt schöne Greise mit weißen Haaren, der Krieg aber bringt – ebenso wie zerstörerische Leidenschaften – lediglich erschöpfte junge Menschen hervor, die sterben, bevor sie alt werden können.

Es war der unterirdische Bereich unter dem Palazzo, den Andreani jede Nacht aufsuchte; der Weg zu dieser dunklen Zuflucht endete weit entfernt vom Vachello auf den Feldern vor Rom. Hier befand sich die arme französische Verrückte; sie war in einer dunklen und engen Steinklause lebendig begraben. Wie ein Tiger, der darauf lauert, ob im Herzen seiner Beute nicht doch noch etwas Leben vorhanden war, kam Andreani jeden Abend an diesen Ort, um darauf zu lauschen, ob in dem leidenden und abgemagerten Körper der Unglücklichen noch ein Funke des Verstandes glomm. Andreani, dessen bisher unterdrückte Leidenschaften mit aller Wucht zum Ausbruch gekommen waren, hatte sie durch seine niederträchtige Entführung verrückt gemacht. Wenn er sie bislang nicht angerührt hatte, so deshalb, weil er nicht nur ihren Körper, sondern auch ihre Seele besitzen wollte. Daher versuchte er, an ihr noch einen Hauch von Vernunft zu entdecken.

An diesem Abend fühlte Andreani, wie der Hass erneut von seinem Herzen Besitz ergriff. Sein Rivale war Sieger, sein Feind nahe. Er hatte die Spitze seines Dolches geschärft, sich mit einer Laterne versehen und lebte seit zwei Tagen in den feuchten Gewölben der Palastruine. Aber so wie diese äußere Ruine sah es auch in seinem Inneren aus. Neunzehn Pulverbüchsen hatte er in jeder der Säulen des Gebäudes versteckt; sie warteten nur auf einen Funken aus der Ferne, um Zerstörung und Tod zu bringen.

Der Mann in der Zelle kniete vor Marie und bedrängte sie mit törichten Fragen.

»Marie, hörst du mich? Wir sind allein! Komm doch zu dir, verflucht! Weiß sie etwa, dass dieser Franzose vor den Mauern der Stadt steht und morgen als Sieger hier einziehen wird? Marie, ich töte dich lieber, bevor ich dich ihm überlasse. Aber vorher, du Verrückte, wirst du mir gehören! Marie!«

Der Elende entweihte den heiligen Namen, der seinen Lippen entschlüpft war. Das arme Mädchen lag fast bewegungslos vor ihm. Manchmal huschte ein Anschein bewusster Wahrnehmung über ihr kränkliches Gesicht; dann zogen sich ihre Arme in schmerzhaften Bewegungen zusammen und ihre Zähne klapperten schauerlich. Sie war ja ein Kind von achtzehn Jahren! Ihrer Familie, des Glücks und der Liebe beraubt, würde sie zu Füßen eines niederträchtigen Menschen sterben, ohne den tröstenden Kuss ihrer Mutter in diesem Grab zu spüren und ohne in einer letzten Umarmung die Hände ihres Geliebten drücken zu können!

Andreani umkreiste sie wie ein wildes Tier. Er kam und ging, und während sie wahnsinnig war vor Angst, war er es vor Niedertracht. Bald hob er seinen Dolch, um auf sie einzustechen, bald richtete er die Spitze seiner Waffe gegen sich selbst. Manchmal dachte er auch daran, sich unter den Trümmern des Palastes begraben zu lassen, und zwar zusammen mit den Angreifern, die ihn zweifellos besetzen würden. Und dann stieg ihm die Leidenschaft zu Kopfe und pulsierte durch seine Adern. Mit verkrampften Händen trat er an Marie heran.

»Hörst du mich?«, fragte er.

»Heilige Maria im Himmel, bete für uns …«, murmelte das Mädchen.

»Schweig!«

»Jetzt und in der Stunde unseres Todes …«

Andreani legte ihr die Hand auf den Mund.

Plötzlich ließ sich in dem unterirdischen Gewölbe ein Geräusch vernehmen; die Verrückte erhob sich wie elektrisiert. Ihre Augen, ihre Ohren und ihr Herz wurden von einer dreifachen Vorahnung ergriffen.

»Henri!«, rief sie.

»Er, immer nur er!«, erwiderte der Entführer.

Jemand näherte sich der Zelle und schien nach etwas zu suchen.

»Henri!«, rief die arme Verrückte erneut.

»Zu mir, du gehörst mir!«, schrie Andreani, der sie mit seinen Armen umschlang. Das Geräusch einer Stimme kam näher.

»Hierher!«

»Noch mehr Pulver!«

»Passen Sie auf, Herr Leutnant; es gibt genug davon in all diesen Säulen!«

»Marie ist dort! Marie ist dort!«

Es war tatsächlich Henri! Annibal und seine Soldaten begleiteten ihn. Sie hatten den Palazzo durchsucht und das Pulver entdeckt. Bei weiteren Nachforschungen waren sie auf das unterirdische Gewölbe gestoßen und standen nun vor der Zellentür.

Henri warf sich gegen diese Tür, die seinen Anstrengungen nicht länger widerstand. Die Soldaten schlugen sie ein und Henri betrat den Raum. Andreani war verschwunden, doch sein Dolch ragte aus der Brust des Mädchens. Sie war tot, wirklich tot! Sie war in dem Augenblick in

Schmerzen gestorben, als wieder glücklichere Tage vor der Tür standen …

»Marie!«, stammelte der arme junge Mann und fiel wie leblos neben ihr zu Boden.

Andreani war inzwischen durch einen anderen Ausgang geflohen und hatte den unterirdischen Gang erreicht. Jean Taupin und Annibal erblickten ihn.

»Halt!«, riefen sie ihm zu. »Jetzt kommt die Rache!«

Nun begann ein schneller Wettlauf durch verwinkelte Gänge. Andreani ließ sich vom Schein seiner Laterne leiten, er kannte die dunklen Schleichwege und gelangte rasch ins Freie. Annibal und Jean gaben die Hoffnung auf, ihn noch erwischen zu können. Einige Gewehrschüsse, die sie hinter dem Flüchtenden herjagten, erfüllten das Gewölbe mit Rauch und verstärkten dadurch noch die Dunkelheit. Plötzlich erhellte ein kräftiger Lichtschein die Finsternis.

»Wehe, wehe euch!«, schrie Andreani.

Er hatte Feuer an eine vorbereitete Lunte gelegt und flüchtete nun.

Jean Taupin stieß einen heftigen Fluch aus, doch dann warf sich der brave Soldat ohne zu zögern auf die Lunte und trat sie mit seinen Füßen aus. Nur eine Sekunde später, und der schreckliche Racheplan des Verräters würde aufgegangen sein. Annibal warf sich in Jeans Arme.

»Und der arme Henri, Herr Leutnant? Kehren wir in die Zelle zurück!«

Sie war leer, und so suchten sie erneut den Palazzo auf. Aber auch dort forschten sie vergebens. Niemand war da.

»Was für ein Verhängnis! Ich habe es Ihnen gesagt, Herr Leutnant!«

»Morgen durchsuchen wir ganz Rom«, schluchzte Annibal. »Wir werden ihn wiederfinden …«

»Vielleicht«, entgegnete der Soldat, gleichfalls weinend.

Andreani hatte das Umland erreicht und von diesem Augenblick an hat man nie wieder von ihm gehört.

Schließlich wurden die Verhandlungen abgeschlossen und Rom öffnete bedingungslos seine Tore. Am 8. Juli zog die französische Armee um 3 Uhr nachts durch das Porteser Tor in die Stadt ein. Als die Menschen im Trastevere sahen, dass der Krieg zu Ende war, bereiteten sie den Truppen einen begeisterten Empfang.

Der Armeeführer begab sich zur französischen Botschaft, wo er sich triumphierend niederließ; die Truppen richteten sich in den Klöstern und den Palästen Roms ein. Die verfassunggebende Nationalversammlung wurde aufgelöst und der Sitzungssaal durch ein Dragonerregiment besetzt. Alle roten Fahnen, die den Corso geschmückt hatten, wurden abgenommen.

Nun war General Vaillant der Sieger. Durch Umsicht und Scharfsinn war es ihm gelungen, größeres Blutvergießen unter den Soldaten zu vermeiden und die Stadt an einer als uneinnehmbar geltenden Stelle zu erobern. Zwei Jahre lang stellte sein Ruhm alle Auszeichnungen und Ehrenbezeigungen in den Schatten.

Der traurige Annibal suchte vergeblich nach seinem Freund. Henri war nur noch eine Leiche, die man in der Nähe der Schiffsbrücke von Santa Passera fand. Und so wiederholte er immer wieder die Worte seines Soldaten Jean Taupin:

»Was für ein Verhängnis! Was für ein Verhängnis!«

Acht Tage nach dem Einmarsch der Franzosen in Rom wurde im Petersdom die Pontifikatsregierung ausgerufen und die Farben des Papstes ersetzten im Vatikan die Fahne des italienischen Aufstands.

Monarchen, Päpste, Literaten

Ein Nachwort von Meiko Richert

Als Ende April 1849 französische und spanische Truppen vor Rom aufmarschierten, um die junge Römische Republik zu zerschlagen und die Macht des Papstes wiederherzustellen, hatte Italien bereits eine jahrhundertelange konfliktreiche Geschichte hinter sich. Schon seit dem 15. Jahrhundert waren die Länder der Apenninenhalbinsel ein Spielball der europäischen Großmächte (vor allem der Habsburger sowie der französischen und spanischen Könige), die um die italienischen Länder eine Reihe erbitterter Kriege führten. Nach dem Wiener Kongress (1815), der den europäischen Monarchien die vor den Napoleonischen Kriegen herrschenden Machtverhältnisse zurückbringen sollte, entstand in Italien die Risorgimento-Bewegung (dt. »Wiedererstehung«), die sich der Vorherrschaft der europäischen Königshäuser auf der Halbinsel zu widersetzen begann. Unter den drohenden Vorzeichen der Revolution führte Papst Pius IX. im Kirchenstaat Rom eine Reihe von Reformen ein, die jedoch nicht verhindern konnten, dass sein Regierungschef Pellegrino Rossi am 15. November 1848 ermordet wurde. Der Papst floh in der Nacht des 23./24. November nach Gaeta und ließ im Januar des Folgejahres seinen Vertreter, Kardinal Antonelli, die Hilfe der europäischen Großmächte anrufen. Nach den Wahlen im Januar trat die verfassunggebende Nationalversammlung am 5. Februar zusammen, die am 9. Februar 1849 schließlich die Gründung der Römischen Republik verkündete.

Dass Louis Napoléon Bonaparte, demokratisch gewählter Präsident der zweiten Französischen Republik, einer Entsendung französischer Truppen zustimmte, um eine *demokratische Republik* zu stürzen und in klerikale Hände zurückzugeben, entbehrte nicht einer gewissen Ironie.[1] Sein Handeln zeugte jedoch von politischem Kalkül. So ging es ihm nicht nur darum, Einfluss auf die katholische Kirche im eigenen Land zu gewinnen – auch außenpolitische Fragen spielten bei seinen Entschlüssen eine wichtige Rolle. Er scheute sich nicht, bei der Behandlung der »italienischen Frage« zweigleisig zu fahren, indem er sich 1849 zwar an der Wiederherstellung der Macht des Papstes beteiligte, gleichzeitig aber das Ziel des Risorgimento, die Einigung Italiens, unterstützte, um Österreichs mächtigen Einfluss in Europa zu schwächen. Eine Absicht, die er später mit der Unterstützung des Sardinischen Krieges gegen Österreich – im »Tausch« gegen Nizza und Savoyen – untermauern sollte.

Auch wenn Frankreichs Intervention von Erfolg gekrönt war und die Römische Republik – ebenso wie die anderen zu dieser Zeit entstandenen Republiken Italiens – vor der Übermacht konterrevolutionärer Truppen kapitulieren musste, konnte der Risorgimento sein Ziel über zahllose Umwege schließlich doch noch erreichen: 1861 wurde der Traum eines unabhängigen Nationalstaates Wirklichkeit und das Königreich Italien, eine konstitutionelle Monarchie, ausgerufen. Der Revolutionär Giuseppe Garibaldi versuchte 1862 und 1867 vergeblich, den unter französischem Schutz verbliebenen Kirchenstaat Rom einzuneh-

[1] Vgl. Volker Dehs: *Jules Verne. Eine kritische Biografie*. Düsseldorf und Zürich: Artemis & Winkler, 2005, S. 84

men. Als 1870 der Deutsch-Französische Krieg ausbrach und Napoléon III. seine Truppen aus Rom abzog, wurde die Stadt vom italienischen Militär besetzt und kurz darauf zur Hauptstadt Italiens erklärt.

Wann genau Jules Verne *Die Belagerung Roms* zu Papier brachte, ist in der Forschung umstritten. Während Volker Dehs die Erzählung in seiner Biografie »um 1855« datiert[1], gibt Daniel Compère im Vorwort der englischsprachigen Ausgabe[2] mehrere mögliche Jahreszahlen an. Ein Indiz für eine Entstehung um 1860/61 ergibt sich aus dem Umstand, dass das Manuskript die Adresse der Wohnung trägt, in der Verne damals lebte.[3] Allerdings weicht der Stil der Erzählung so drastisch von der Kurzgeschichte *San Carlos* ab, die in diesem Fall wohl etwa zeitgleich entstanden sein müsste und eine deutlich reifere Probe seines schriftstellerischen Könnens abgibt[4], dass der Unterschied zumindest auffällig ist. Weitere mögliche Entstehungsdaten sind Daniel Compère zufolge die Jahre 1854 (nachdem das *Musée des familles* Mary-Lafons Erzählung *Rome et ses environs en 1853*[5] abgedruckt hatte, deren Handlungselemente durchaus für Vernes Text Pate gestanden haben könnte) oder auch 1857, als Jules Vernes Essayserie *Salon de 1857* erschien und der Autor sich explizit auf das Gemälde *Épisode du siège de Rome : prise du bastion* n° 8 à la

---

[1] Ebd., S. 83

[2] Daniel Compère: Introduction. In: *Bandits & Rebels*, Albany: BearManor Fiction, 2013, S. 8f.

[3] 54, Faubourg Montmarte. Vgl. Régis Mianay: Notice. In: *San Carlos et autres récits inédits*. Paris: le cherche midi éditeur, 1993, S. 82

[4] Vgl. Meiko Richert: San Carlos – Ein Schmuggler mit Charisma. In: Jules Verne: *San Carlos*. Berlin: Edition Dornbrunnen, 2019, S. 31f.

[5] Vgl. Olivier Dumas: »Le Siège de Rome«, guerre et passion. In: *Bulletin de la Société Jules Verne* Nr. 92, 1989, S. 38-39. Jean-Bernard Mary-Lafons Text erschien im Juli 1854 im Magazin *Musée des familles* und berichtet von einer jungen Frau, deren Verlobter bei den Kämpfen um die Villa Pamphilj ums Leben kam.

porte de San Pancrazio, le 30 juin 1849 von Horace Vernet bezog. Tatsächlich spielte die Einnahme der Bastion am San-Pancrazio-Tor in Vernes Rom-Novelle eine zentrale Rolle. In der kommentierten Onlineausgabe des *Salon de 1857* datierte Volker Dehs den Text schließlich auf »etwa 1859«.[1] In jenem Jahr brach der Sardinische Krieg aus und rückte Italien erneut in den Fokus des öffentlichen Interesses, womit dem Leser nun mehrere mögliche Entstehungsjahre zur Auswahl stehen. Gut möglich, dass die Novelle bereits einige Jahre vor 1859 geschrieben und erst mit Kriegsausbruch von Jules Verne überarbeitet[2] und zur Veröffentlichung bestimmt wurde – eine Hoffnung, die sich erst 1993 erfüllen sollte, als der Text in dem Sammelband *San Carlos et autres récits inédits* das Licht der Welt erblickte.[3]

Wenn das genaue Jahr der Niederschrift der *Belagerung Roms* auch im Dunkeln bleibt, so gibt es doch deutliche Hinweise auf die von Jules Verne für die militärischen Abschnitte der Erzählung verwendeten Quellen. Im *Bulletin* der französischen Jules-Verne-Gesellschaft erschien 2016 ein Artikel von Jacques Crovisier, in dem dieser die Verwandtschaftsverhältnisse der Familien Verne und Garcet untersuchte.[4] Adrien Alphonse Garcet (1825 bis 1895) war

---

[1] Jules Verne: *Salon de 1857. Texte intégral.* Ètabli, *présenté et annoté par Volker Dehs*, S. 78 (Anm. 217). (https://www.jules-verne-club.de/wordpress/wp-content/uploads/2015/01/Fr_Salon_1857.pdf, 07.11.2019)

[2] Vgl. Régis Mianay: Notice. In: *San Carlos et autres récits inédits*. Paris: le cherche midi éditeur, 1993, S. 83. Das bereits gut ausgearbeitete Manuskript enthält lediglich einige stilistische Korrekturen, die der leichteren Lesbarkeit und Präzisierung des Textes dienen.

[3] Diese Angabe ist nicht ganz korrekt, denn die Erstveröffentlichung von Jules Vernes frühen, zu seinen Lebzeiten nicht publizierten Erzählungen und Theaterstücken erfolgte bereits 1991, als die Stadt Nantes zur Sicherung der Urheberrechte drei Bände in einer Kleinstauflage von ca. 30 Exemplaren herausgab: *Manuscrits nantais*, Nantes, 1991.

[4] Jacques Crovisier: Les cousins Garcet et leur famille. In: *Bulletin de la Société Jules Verne* Nr. 193, Dez. 2016, S. 8-25

ein Cousin Jules Vernes, der aus der Ehe seiner Tante väterlicherseits, Masthie Antoinette (»Mimi«) Verne, mit Paul Augustin Victor Garcet hervorgegangen war. Auch wenn bei einem Brand im Jahre 1871 große Teile seiner Personalakte vernichtet worden waren, deutet doch einiges darauf hin, dass Cousin Alphonse 1849 am Italienfeldzug teilgenommen hatte. Seine Bestallungsurkunde enthält zwar nur seinen Dienstgrad »Erster Kapitän des Sonderkommandos der Pioniere, Marseille; vierundzwanzig Jahre im Dienst, eine Kampagne«, die Spezifikation dieses einzigen Feldzugs bleibt jedoch einer Zeichnung von Auguste Raffet vorbehalten, deren Bildunterschrift ihn als Belagerer Roms (im Rang eines Leutnants der 5. Kompanie des 1. Regiments der Pioniere, 2. Bataillon) ausweist.[1] Da bislang keine zeitgenössischen Bücher oder Zeitschriften bekannt sind, die Jules Verne als Grundlage für die militärischen Einzelheiten seiner Erzählung genutzt haben könnte, ist anzunehmen, dass er die in seinem Text bis ins kleinste Detail geschilderten Belagerungsarbeiten direkt aus erster Hand – aus dem Munde seines Cousins Alphonse Garcet – erfahren haben könnte.

Diese von Jacques Crovisier vertretene Ansicht erscheint mir umso plausibler, als sie von der Konzeption und Ausführung der Novelle selbst gestützt wird. Der in fünf Kapitel unterteilte Text besteht zu einem großen Teil aus dem genauen Bericht der Kampfhandlungen mit besonderem Augenmerk auf die Grabenarbeiten der Pioniertruppen (denen auch sein Cousin Alphonse angehörte, den Verne möglicherweise im Charakter des Pionierleutnants Anni-

[1] Ebd. Die Zeichnung stammt aus der Sammlung des Herzogs von Aumale und befindet sich im Musée Condé von Chantilly. (http://www.culture.gouv.fr/Wave/image/joconde/0651/m505201_0004157_p.jpg, 07.11.2019)

bal de Vergennes verewigt hat[1]). In diese minutiösen und die Geduld des Lesers möglicherweise herausfordernden Schilderungen mengt Jules Verne ein Rachedrama, das er zwar an typische Elemente des *gothic novel*[2] knüpft, dabei aber in so knappen Worten abhandelt, dass bei mir der Eindruck einer bloßen Pflichtübung entstand. Sowohl in frühen Erzählungen als auch in den späteren *Außergewöhnlichen Reisen* griff Jules Verne immer wieder auf historische, geografische und naturwissenschaftliche Details zurück, die er aus Büchern und Zeitschriften entlehnt hatte und zur Beschreibung von Reisezielen und Örtlichkeiten nutzte. Bei aller Ausführlichkeit gerieten diese Detailfragen jedoch nie zum Selbstzweck und standen zumindest gleichberechtigt neben der eigentlichen Handlung seiner Werke. Nicht so im Falle der *Belagerung Roms* – hier verhält es sich genau andersherum: Protagonisten und Abenteuerhandlung treten hinter den militärischen Bericht zurück, der zu jeder Zeit im Mittelpunkt seines Interesses steht. Zwar nutzt Verne die Gunst der Stunde, um einige politische und religiöse Ansichten zu äußern, doch auch diese haben sich der schieren Masse der historischen Einzelheiten unterzuordnen. Der Grund für diese Abweichung von seinem Arbeitsschema könnte also tatsächlich in der familiären Verbindung zu einem Teilnehmer des Feldzugs zu suchen sein, dessen persönliche Schilderung der Ereignisse Jules Verne unmittelbar in seinen Text übernommen hätte. Von einem dieser Treffen mit dem kriegsversehrten Alphonse Garcet erzählt Verne 1852 in einem Brief an seinen Vater:

---

1 Ebd.

2 Vgl. Daniel Compère: Introduction. In: *Bandits & Rebels*, Albany: BearManor Fiction, 2013, S. 10

»Ich habe gestern Abend meine Tante Mimi gesehen; sie hat gerade einige Zeit in Paris verbracht – sie ist in Begleitung von Alphonse, der in die Pyrenäen geht, um eine Brunnenkur zu machen; es geht ihm überhaupt nicht gut und er beginnt an seiner Genesung zu zweifeln; er zieht noch immer sein Bein nach und kann kaum laufen.«[1]

Die in der *Belagerung Roms* geäußerten politischen Ansichten zeichnen ein Bild des Autors, das von dem des fortschrittsbegeisterten Jules Verne weit entfernt ist. So könnten denn Leser, denen seine frühe und von ähnlich konservativen Ansichten geprägte Novelle *Der Graf von Chanteleine* (1864) unbekannt ist, über einige der in der *Belagerung Roms* getroffenen Aussagen erstaunt sein. Sie legen Zeugnis von den monarchistischen Überzeugungen Vernes ab und zeigen uns sein tiefes Misstrauen gegen alle antiklerikalen politischen Strömungen:

> Als absolutistische Regierungen einst die Grundrechte angriffen und zu Boden warfen, zerbarsten diese Rechte wie fallende Bomben; jetzt aber, im 19. Jahrhundert, rufen die Völker selbst nach Beschränkungen der allzu freiheitlichen Reformen, weil diese sie in bodenlose Abgründe stürzen könnten. (Kap. I)
>
> Wahre Freiheit kann es nur unter einer festen und unverrückbaren Herrschaft geben, einer Herrschaft, deren Stabilität nicht vom Ausgang katastrophaler Wahlen oder erfolgreicher Handstreiche abhängig ist. In einer Republik kann jeder Mensch ganz legal nach der Ober-

[1] Brief von Jules Verne an seinen Vater, Juli 1852. In: Oliver Dumas: *Jules Verne*. Lyon: la manufacture, 1988, S. 316

> herrschaft streben. Infolgedessen werden die Ehrgeizigen – die nichts zu verlieren, sondern alles zu gewinnen haben – sich einen offenen Kampf mit den Mächten des Tages liefern, während die Anarchie unentwegt zwischen diesen populären Blüten, die nur in den Treibhäusern der Revolutionen gedeihen, Wurzeln schlägt. [...] Wenn man allen törichten Hoffnungen freien Lauf lässt und sie nicht durch die Unverrückbarkeit eines großen Prinzips unterdrückt, des Erbprinzips, das sich ihren Versuchen widersetzt, dann herrscht Anarchie im Lande, die Freiheit wird eigenhändig erdrosselt und die Diktatur schlägt mit ganzer Kraft zu. (Kap. V)

Revolutionen als Folge des Egoismus und der Machtgier Einzelner? So sieht es zumindest der Autor und hat demzufolge für die Führer der Römischen Republik nichts als Hohn und Spott übrig:

> Trotz der republikanischen Strenge übt man die Macht gern bequem aus [...] (Kap. V).

Jules Vernes Warnung vor den Folgen einer korrupten und »anarchistischen Diktatur« ist jedenfalls eindringlich. Noch Jahre später verteidigt er in einem Brief an seinen Verleger »die Intervention Frankreichs zum Schutze des Vatikans gegen Garibaldis Truppen«[1]:

> Mir scheint, dass die Römer sich kaum erhoben haben und dass der Papst sehr wohl das Recht hatte, um Hilfe gegen eine Invasion zu bitten, die gänzlich von außerhalb kam. Wenn die Römer den Papst nicht gewollt

[1] Volker Dehs: Nemo, Flourens et quelques autres – Divagations autour de *Vingt mille lieues sous les mers*. In: *Verniana* Vol. 3 (2010-2011).

> hätten, wäre es etwas anderes gewesen, aber es ist klar, dass sie ihn allen anderen gegenüber vorziehen.[1]

Der Brief zeugt ebenso wie die Erzählung selbst von der Bedeutung, die Jules Verne der Religion in dieser Frage beimaß. Wenn er in *Die Belagerung Roms* die Sittenlosigkeit der römischen Kirchenvertreter der Reinheit des französischen Klerus gegenüberstellt, dient sie ihm gar als moralische Rechtfertigung der militärischen Intervention. So prätentiös dem Leser Vernes Gegenüberstellung auch erscheinen mag, mit der Beschreibung der pädophilen Praktiken der römischen Kardinäle berührt der Autor einen überaus wunden Punkt, mit dem sich die Kirche noch heute auseinanderzusetzen hat:

> Wie hatte er während seiner Frankreichreise die unnachahmliche Lauterkeit des französischen Klerus bewundert! Was für eine Würde! Was für eine Vornehmheit gab es da, verglichen mit dem Machtmissbrauch, den Ungerechtigkeiten und den fast alltäglichen Sittenlosigkeiten der Kirchenfürsten! Während die einen ihren religiösen Einfluss zugunsten ihrer Leidenschaften ausnutzten, setzten die anderen sie in Askese um, um diesen Einfluss zu stärken. Während die französischen Geistlichen die Tugend, die sie predigten, praktizierten, betörten die edlen Kardinäle kleine Kinder, die mit gebeugten Knien weinend um Vergebung ihrer lässlichen Sünden baten, und verführten sie. (Kap. I)

[1] *Correspondance inédite de Jules Verne et de Pierre-Jules Hetzel (1863-1886)*, herausgegeben von Olivier Dumas, Piero Gondolo della Riva und Volker Dehs. Band I. Genf: Slatkine, 1999; Im Anhang des Nachwortes befindet sich der vollständige Text des zitierten Briefes (übersetzt von Meiko Richert).

Abschließend noch einige Worte zum Stil der Erzählung. Weit davon entfernt, ein neutraler Chronist der historischen Ereignisse zu sein, lässt Jules Vernes Wortwahl keinen Zweifel daran, auf welcher Seite seine Sympathien liegen. Den römischen Republikanern wird beim »ruhmreichen Angriff« der Franzosen »kein Pardon« gegeben (Kap. 4); sein Herz schlägt monarchistisch und katholisch. An vielen Stellen wirkt seine Prosa fahrig, wofür vor allem die endlos langen Satzkonstrukte verantwortlich sind, deren einzelne Glieder nur durch Semikolons voneinander getrennt sind. Gelegentlich verfällt er – ein Versuch, Spannung zu erzeugen – mitten in der Handlung ins Präsens, allerdings wirkt die Anwendung dieses Stilmittels in einem solchen, beinahe dokumentarischen Text zuweilen fehl am Platz. Der folgende, am Ende des 4. Kapitels spielende Satz (im Deutschen beginnt die Passage mit den Worten: »Die Soldaten, von der Begeisterung über ihren Erfolg beflügelt«) ist ein Beispiel für diese beiden Probleme (und falls Sie irgendwo einen verlorenen Punkt finden, liefern Sie ihn bitte beim Herausgeber ab):

> Les soldats, entraînés par la fougue et l'enivrement du succès, s'avancent même jusqu'à la porte Saint-Pancrace, mais ils sont bientôt forcés de revenir au bastion qu'ils ont emporté d'assaut ; la colonne de réserve y pénètre avec ses gabions, et le ferme à sa gorge ; la droite du couronnement s'appuie sur la batterie abandonnée, et est reliée en arrière à une maison située à l'angle du bastion ; c'est en se portant sur ces divers points, pour organiser les travaux, que le brave commandant Galbaud Dufort est frappé de deux balles ; on le transporte à l'ambulance, et quelques jours après, il expire dans Rome ; le commandement de l'attaque passe aux

> mains du colonel Ardent ; la troisième colonne s'élance hors de son bastion, enlève les positions romaines ; après quelque hésitation, pendant laquelle les assiégeants tirèrent les uns sur les autres, elle rejoint les colonnes d'assaut, et le couronnement du Janicule est opéré.

Wenn uns *Die Belagerung Roms* auch überdeutlich vor Augen führt, wie sehr Jules Verne in seinen frühen Texten um eine definitive Form rang, so blitzen immer wieder erste Funken seines späteren literarischen Repertoires auf. Die mehrmalige Betonung der *mathematischen* Grundlagen der Belagerung ist ein solches Element, das sich auch in anderen frühen Erzählungen wie *San Carlos* oder *Jédédias Jamet* wiederfindet und bereits auf die Rolle hinweist, die die Naturwissenschaften in seinen späteren Werken spielen sollten. Wie spannend es sein kann, in dieser Geschichte nach ersten Anzeichen der *Außergewöhnlichen Reisen* zu suchen, zeigt das Beispiel der mit Sprengladungen versehenen Gewölbe des Palazzo Vachello, womit Jules Verne den Schluss seines Romans *Das Karpatenschloss* (1892) vorwegnimmt. Auch die wenigen, dafür aber effektiv eingesetzten humorvollen Passagen (etwa wenn Annibal de Vergennes vor den Augen seines Kameraden von der Seekrankheit ergriffen wird oder sich im Schlachtenlärm »eine Kanone zum Dolmetschen« wünscht) zeugen davon, dass hier bereits die Hand des kommenden Meisters am Werke war.

Da der Fokus der vorliegenden deutschen Erstübersetzung der *Belagerung Roms* auf einem angenehmen und flüssigen Leseerlebnis lag, wurden einige der zuvor angesprochenen stilistischen Mängel stillschweigend behoben. Dazu gehört die Aufteilung einiger überlanger Bandwurmsätze in Einzelsätze oder der durchgängige Gebrauch der

Vergangenheitsform anstelle des zuweilen als unpassend empfundenen Präsens. Davon abgesehen liegt Vernes Erzählung in einer ungekürzten Übersetzung vor, die auch problematische Textstellen nicht ausspart und dem Publikum einen ungefilterten Blick auf die politischen Überzeugungen des Schriftstellers gestattet.

Der Autor dankt Volker Dehs für die unermüdliche Versorgung mit Quellenmaterial und zahlreiche kritische Hinweise.

Anhang

Jules Verne an Pierre-Jules Hetzel
Le Crotoy, [Mittwoch] 6 Nov[em]ber, 1867

Mein lieber Hetzel,
wir haben wieder schönes Wetter, und es ist wunderbar. Aber dies ist keine Entschuldigung dafür, dass ich nicht bei Ihnen bin. Die wirkliche Entschuldigung lautet: Morgen schicke ich die Departements *Maas, Morbihan, Moselle, Nièvre* und *Nord*[1] an Lahure[2]. Vergeben Sie dem Freund zugunsten des Zwangsarbeiters. Hier sind also 65 abgeschlossene Lieferungen; nur noch 35 weitere, und wir stürzen uns in die Tiefe der Ozeane.

Uns geht es allen hier sehr gut, und was mich betrifft, so sind die Kopfschmerzen und das Schwindelgefühl vor den Winden des Ärmelkanals geflohen. Mögen Sie das Gleiche über Ihre Migräne sagen; ich hoffe, dass sie nicht zu Ihnen zurückgekehrt ist und dass Sie und Ihre Familie in guter Gesundheit mit uns wetteifern.

Doch all dies wird ein Ende haben – nicht die Gesundheit, sondern unsere Abwesenheit –, und wir werden in zwei Wochen mit einigen Departements mehr – oder besser gesagt weniger – zurückkehren.

---

[1] Jules Verne arbeitete zu dieser Zeit an dem umfangreichen Nachschlagewerk *Géographie illustrée de la France et de ses colonies* (Hetzel, 1867–1868).

[2] Charles Lahure (1809–1887) war der Drucker der *Géographie illustrée de la France et de ses colonies.*

Sie haben mir einen Brief voller Politik geschrieben, mein lieber Hetzel, und nun weiß ich wirklich nicht, wie ich Ihnen antworten soll. Mir scheint, dass die Römer sich kaum erhoben haben und dass der Papst sehr wohl das Recht hatte, um Hilfe gegen eine Invasion zu bitten, die gänzlich von außerhalb kam. Wenn die Römer den Papst nicht gewollt hätten, wäre es etwas anderes gewesen, aber es ist klar, dass sie ihn allen anderen gegenüber vorziehen. Seien Sie versichert, dass, was auch immer man sagen mag, die römische Regierung ebenso viel taugt wie manche andere und sicherlich besser als die Unsrige ist. Nun, das ist meine kleine Politik.

Was die religiöse Seite der Frage betrifft, so hängt sie ganz vom Standpunkt ab. Sie haben recht, wenn unsere irdische Existenz alles auf der Welt ist, und Sie haben unrecht, wenn sie nur wenig oder gar nichts ist, selbst im Vergleich zum zukünftigen Leben. In diesem Fall spielt es keine Rolle, wie wir gelebt haben werden, wenn wir nur gelebt haben, nicht nur anständig, nicht nur christlich, sondern katholisch.

Gehen Sie nicht an die Decke, seien Sie nicht beunruhigt, denn ich umarme Sie.

Von ganzem Herzen, Ihr
Jules Verne

Ich bitte Goudchaux[1], mir den Erhalt meiner 5 neuen Departements zu bestätigen, sobald er sie bekommen hat – zu meiner Beruhigung.

---

[1] Goudchaux war Hetzels Produktionsleiter.